신방수 세무사의
주택임대사업자 등록과 절세 비법

세금 모르면 주택임대사업 하지 마라!

# 신방수 세무사의
# 주택임대사업자
# 등록과
# 절세 비법

신방수 지음

매일경제신문사

**머리말**

　주택임대사업자와 관련해 정부의 세제정책 분위기가 2018년 9월 13일 이후를 기점으로 확 바뀌었다. 그 이전까지만 하더라도 임대등록을 유도하기 위해 각종 세제혜택을 지원했지만, 이 제도가 부동산 가격을 끌어올리는 수단으로 변질되자 부랴부랴 2018년 9·13 대책을 발표한 이후부터는 세제혜택을 대폭 축소했기 때문이다. 물론 이날 전에 취득한 주택들이나 조정대상지역이 아닌 지역에서 취득한 주택들에 대해서는 여전히 세제혜택이 진행되고 있다. 하지만 정부는 서민들의 주거안정을 위한 취지로 이미 등록한 주택들에 대해서 '민간임대주택법'상의 각종 의무를 강화하고, 세법상의 감면요건을 대폭 강화했다. 이를테면 임대료를 5% 이상 올리거나 임대의무기간 내에 매각하면 과태료를 3천만 원까지 인상하고, 각종 세제혜택도 박탈하는 것이 대표적이다. 결국 현재 임대등록을 하고 있거나 예정에 있는 사업자들은 정부의 주택임대업에 대한 정책방향과 이를 뒷받침하고 있는 '민간임대주택법'과 세법의 내용을 정확히 이해하고, 이를 실무에 적용해야 소중한 재산을 지킬 수 있는 시대가 되었음을 직시해야 한다.

　이 책은 이러한 관점에서 주택임대사업과 관련된 다양한 문제를 최대한 분석해 독자들 스스로 대안을 찾을 수 있도록 노력했다. 이 책의 특징을 요약하면 다음과 같다.

　첫째, 주택임대업에 대한 세제만을 전문적으로 다루었다.
　주택임대업과 관련된 세제를 조금이라도 알아본 독자들이라면,

이에 관련된 내용이 상당히 복잡하다는 것을 알 수 있었을 것이다. 주택임대업에 대한 세제가 별도로 있는 것도 아니며, '민간임대주택법'도 알아야 하고, 세법 또한 지방세와 국세를 모두 알아야 하기 때문이다. 여기에다 정부의 세제정책이 수시로 바뀐다는 점도 숨 막히게 한다. 이 책은 이러한 독자들의 고충을 십분 이해하고, 많은 시간을 들여 집필한 주택임대업의 세제 등과 관련된 전문도서에 해당한다. 따라서 이 책을 완독한다면 주택임대업에 대한 세제의 틀을 확실히 잡을 수 있을 것이다. 이 책의 주요 내용을 살펴보면 다음과 같다.

- 제1장 주택임대업 세무 개관
- 제2장 주택임대업과 취득세 감면
- 제3장 주택임대업과 재산세 감면
- 제4장 주택임대업과 종부세 합산배제
- 제5장 주택임대업과 종합소득세(건강보험료 포함) 감면
- 제6장 주택임대업과 양도세 비과세·과세원리
- 제7장 주택임대사업자의 거주주택 양도세 비과세
- 제8장 임대주택의 양도 시 적용되는 장기보유특별공제 특례, 중과세 적용배제, 양도세 100% 감면
- 제9장 주택임대업의 등록 의사결정
- 제10장 지자체 임대주택 등록하는 방법

둘째, 실무에서 부닥치는 모든 세제를 정확히 분석하고, 이에 대한 대응방안을 마련할 수 있도록 했다.

이미 주택임대사업자등록을 내고 임대 중에 있는 사업자라고 해도 임대차계약을 할 때 지켜야 할 의무들이 상당히 많이 존재한다. 더 나아가 환경이 바뀌어 임대주택을 중도에 매각할 수도 있다. 이

러한 상황이 발생하면 당연히 과태료 및 세금추징 등이 발생할 수 있는데, 이에 대한 정확한 정보가 부족한 실정이다. 한편 오래전부터 주택을 보유하고 있는데, 이 주택을 지금이라도 등록할 것인지, 말 것인지 이에 대한 판단의 근거도 부족하다. 더 나아가 요즈음 법인에 대한 관심이 많아지는데, 과연 법인을 설립하는 것이 좋은지, 또는 법인으로 전환하는 것이 좋은지 이에 대한 판단을 내릴 때에도 정보가 부족하다. 이 책은 이러한 현실 속에서 실무처리에 꼭 필요한 내용만을 엄선해 스스로 의사결정을 할 수 있도록 최선을 다했다.

셋째, 최근의 정부의 세제정책을 최대한 분석했다.

주택임대업과 관련된 세제는 정부의 정책과 아주 밀접한 관련성을 맺는다. 즉 정부가 임대주택에 대한 혜택을 늘리거나 줄이게 되면 그에 따라 세제도 춤을 준다는 뜻이다. 그런데 정부는 주택임대업에 대한 세제뿐만 아니라 일반적인 세제정책도 자주 손을 보는데, 대표적인 것이 바로 일시적 2주택 비과세 처분기한 단축이다. 알다시피 2019년 12월 16일, 12·16대책에서 조정대상지역 내에서의 취득한 주택들은 종전 주택을 2년이 아닌 1년 내에 처분해야 비과세를 받도록 규정이 바뀌었다. 이러한 개정사항은 다주택자인 주택임대사업자들에게도 적용되는데, 이들이 갈아타기를 할 때에는 이러한 내용 외에 그들에게 별도로 적용되는 비과세 횟수 평생 1회 제한 같은 내용도 알고 있어야 한다. 이렇게 보면 주택임대사업에 대한 세제는 기본적인 내용도 결합되어 상당히 복잡해지는 특징이 있다. 이 책은 이러한 맥락에서 정부의 세제정책을 정확히 분석해

주택임대사업자들이 당면하는 여러 가지 쟁점사항을 스스로 해결할 수 있는 능력을 높이는 데 초점을 맞추었다.

 이 책은 당초 주택임대사업을 하고 있거나, 앞으로 임대업을 하려고 하는 사업자를 위해 기획되었다. 이들에게 정확한 정보가 필요했기 때문이다. 하지만 주택임대업과 관련된 등록이나 세제를 다루는 관할 지자체와 세무관서에서 종사하는 분들은 물론이고, 현장에서 실무를 책임지고 있는 부동산 업계나 세무회계 업계에 종사하는 분들에게도 이 책이 필요함은 두말할 필요가 없다. 이외에도 평소 주택임대업에 대한 등록 및 세제 관련 정보가 필요한 일반인들에게도 유용한 지침서가 될 것으로 확신한다.

 이 책은 많은 분들의 도움을 받아 출간되었다.
 우선 늘 저자를 응원해주는 카페(신방수세무아카데미) 회원들의 도움이 컸다. 이분들과 많은 소통을 통해 저자 스스로도 많은 것을 얻을 수 있었다. 특히 회원들 중 넘버원님과 Nemesis님은 이 책의 베타테스트에 참여해 많은 조언을 해주었다. 이외에도 항상 가족의 안녕을 위해 기도하는 아내 배순자와 고등학교 마지막 학년에서 학업에 열중하고 있는 큰딸 하영이와 점점 예뻐지고 있는 작은딸 주영에게 감사의 뜻을 전한다.

역삼동 사무실에서<br>
세무사 신방수

# Contents

**머리말** ······ 4
**일러두기** ······ 12

## 제1장 주택임대업 세무 개관

**01** 우리가 다룰 주택임대업은 무엇을 의미하는가? ······ 15
**02** 주택임대업을 영위하기 위해서는 반드시 세무서에 사업자등록을 내야 하는가? ······ 17
**03** 세무서에 사업자등록을 하지 않으면 어떤 문제가 있는가? ······ 19
**04** 누가 관할 세무서에 사업자등록을 해야 할까? ······ 20
**05** 세무서에 등록하는 것과 지자체에 등록하는 것과는 어떤 차이가 있는가? ······ 24
**06** 민간임대주택법'상 단기임대와 장기임대는 어떤 차이가 있는가? ······ 28
**07** 세법에서 필요한 임대의무기간은 어떻게 되어 있을까? ······ 33
**08** 임대료 상한 5% 룰은 왜 중요할까? ······ 37
**09** 정부의 주택임대사업자에 대한 세제정책의 흐름은 어떻게 될까? ······ 43
| **심층분석** | '민간임대주택법'의 이해 ······ 48

## 제2장 주택임대업과 취득세 감면

**01** 주택을 취득하면 취득세를 내는데, 이때 얼마의 세금을 부담할까? ······ 57
**02** 1세대 4주택자의 취득세율이 인상되었는데, 이때 주택 수 산정은 어떻게 하는 것인가? ······ 60
**03** 주택임대사업자도 4%를 내야 하는가? ······ 65
**04** 임대사업자가 취득세를 감면받을 수 있는 조건은? ······ 67
**05** 취득세를 감면받으면 몇 년을 의무적으로 임대해야 할까? ······ 71
| **심층분석** | 법인이 주택을 취득하면 일반적인 취득세는 얼마나 낼까? 그리고 법인이 주택을 취득하면 중과세를 적용받을까? ······ 75

## 제3장 주택임대업과 재산세 감면

**01** 주택을 보유하고 있으면 재산세는 어떻게 과세될까? ······ 81
**02** 주택임대사업자는 재산세를 감면받을 수 있다고 하는데, 그 감면요건은 어떻게 될까? ······ 86
**03** 재산세를 감면받은 경우에는 몇 년간 임대해야 감면받은 재산세를 추징당하지 않는가? ······ 91

## 제4장 주택임대업과 종부세 합산배제

**01** 주택을 보유하고 있으면 종부세는 어떻게 낼까? ······ 97
**02** 공시가격 인상과 세부담 상한율 3배의 위력은 얼마나 될까? ······ 103
**03** 종부세에서의 1세대 개념은 언제 사용할까? ······ 106
**04** 주택 수가 1채인 경우 어떤 혜택이 있을까? ······ 109
**05** 주택 수가 많으면 어떤 불이익을 받을까? ······ 112
**06** 종부세 합산과세에서 배제되는 주택들에는 어떤 것들이 있는가? ······ 115
**07** 주택을 매입해 임대하는 경우와 건설해 임대한 경우, 종부세 과세에서 어떤 차이점이 있을까? ······ 119
**08** 2018년 9월 14일 이후에 신규로 취득한 주택들은 등록해도 종부세를 낸다고 한다. 어느 주택들이 이의 규정을 적용받는가? ······ 124
**09** 임대가 일시 중단되면 종부세 합산배제에 영향을 미치는가? ······ 127
**10** 종부세 합산과세 배제를 위한 임대의무기간 종료 후에도 임대료를 5% 이상 올릴 수 없는가? ······ 131

| **심층분석** | 종부세 관련 Q&A ······ 135

## 제5장 주택임대업과 종합소득세(건강보험료 포함) 감면

**01** 주택임대소득에 대한 과세는 어떻게 되고 있을까? …… 141
**02** 주택임대소득에 대한 과세원리 및 주택 수별 과세방식은 어떻게 될까? …… 144
**03** 주택 수 산정은 구체적으로 어떻게 할까? …… 148
**04** 세금을 계산할 때 필요한 주택임대소득은 어떻게 계산할까? …… 153
**05** 임대소득이 연간 2천만 원 이하의 경우 분리과세가 유리할까? 종합과세가 유리할까? …… 156
**06** 임대소득이 연간 2천만 원 초과 시 종합과세되면 세금이 얼마나 나올까? …… 160
**07** 장부를 미작성한 경우의 소득세는 어떻게 계산할까? …… 163
**08** 공동명의 주택임대소득은 어떻게 계산할까? …… 167
**09** 주택임대소득에 대한 소득세 감면요건은 어떻게 되고, 감면신청은 어떻게 하는가? …… 171
**10** 주택임대소득에 대한 소득세 신고는 어떻게 할까? …… 175
**11** 주택임대사업자는 건강보험료를 부담해야 하는가? …… 177

## 제6장 주택임대업과 양도세 비과세·과세원리

**01** 주택임대사업자에게 적용되는 양도세 비과세 원리 …… 185
**02** 주택임대사업자의 임대주택에 적용되는 양도세 과세원리는 어떻게 되는가? …… 190
**03** 주택임대사업자의 비임대주택과 임대주택에 대한 비과세와 과세방식은 어떻게 적용되고 있는가? …… 195
| **심층분석** | 임대주택을 거주주택으로 전환하는 경우 과세와 비과세는 어떻게 정할까? …… 198

## 제7장 주택임대사업자의 거주주택 양도세 비과세

**01** 주택임대사업자는 거주주택에 대한 비과세를 어떻게 받을까? …… 203
**02** 주택임대사업자가 일시적 2주택 비과세를 받기 위한 조건은 무엇인가? …… 210
**03** 거주주택 비과세를 받은 후 임대주택을 양도하는 경우의 과세방법은? …… 215

**04** 거주주택 양도세 비과세 신고방법은? …… 220

|심층분석| 조정대상지역 내에서의 거주요건 비과세 적용배제가 개정된 이유는 무엇일까? …… 223

## 제8장 임대주택의 양도 시 적용되는 장기보유특별공제 특례, 중과세 적용배제, 양도세 100% 감면

**01** 주택임대사업자에게 장기보유특별공제제도가 중요한 이유는 무엇일까? …… 229

**02** 임대주택에 대한 양도세 중과세 배제는 어떤 식으로 적용되고 있는가? …… 235

**03** 장기임대주택에 대한 양도세 100% 감면은 어떻게 적용되는가? …… 239

|심층분석| 장기임대주택 외 다른 주택이 있는 상황에서 주택처분 시 과세방법 …… 243

## 제9장 주택임대업의 등록 의사결정

**01** 임대주택으로 등록하면 좋은 점과 안 좋은 점은 무엇인가? …… 247

**02** 주택 수에 따른 등록의 필요성은? …… 250

**03** 등록하기 전에 꼭 짚고 넘어가야 하는 필수 3요소는 무엇일까? …… 253

**04** 기준시가의 적용법도 알고 가면 좋은 이유는 무엇일까? …… 258

**05** 양도세만 고려할 경우, 유리한 임대등록방법은 무엇일까? …… 261

**06** 단기임대에서 장기임대로 전환하는 것이 좋을까? …… 268

**07** 개인임대를 법인임대로 전환해 관리하면 어떨까? …… 271

|심층분석| 법인의 주택임대업 실익분석 …… 276

## 제10장 지자체 임대주택 등록하는 방법

**01** 지자체에 등록신청은 어떻게 할까? …… 281

**02** 임대차계약 신고는 언제, 어떻게 하는 것일까? …… 285

**03** 관할 지자체에 말소신고는 어떻게 하는 것인가? …… 291

|심층분석| 지자체에 임대등록 시 참고해야 할 사항은 무엇인가? …… 296

## ※ 일러두기

이 책을 읽을 때에는 다음 사항에 주의하시기 바랍니다.

### 1. 개정세법의 확인

이 책은 2020년 2월에 적용되고 있는 세법을 기준으로 집필되었습니다. 실무에 적용 시에는 그 당시의 개정세법 등을 확인하는 것이 좋습니다. 세무전문가인 세무사의 확인을 받도록 하시기 바랍니다.

### 2. 용어의 사용

이 책은 다음과 같이 용어를 사용하고 있습니다.

- '민간임대주택법에 관한 특별법' → '민간임대주택법'
- '조세특례제한법' → '조특법'
- '지방세특례제한법' → '지특법'
- 장기일반임대주택 → 장기임대주택
- 단기민간임대주택 → 단기임대주택
- 종합부동산세 → 종부세
- 양도소득세 → 양도세
- 농어촌특별세 → 농특세

### 3. 조정대상지역 등에 대한 정보

조정대상지역, 투기과열지구 등에 대한 지정 및 해제정보는 '대한민국 전자관보(http://gwanbo.mois.go.kr)'에서 확인하실 수 있습니다.

# 주택임대업 세무 개관

# 우리가 다룰 주택임대업은 무엇을 의미하는가?

　주택임대업은 '주택이라는 부동산을 임대해 수입을 얻는 업'을 말한다. 따라서 이 업종도 사업에 해당하므로 이 업을 영위하는 경우 사업자등록의 유무와 관계없이 세법상 사업자에 해당한다. 그 결과 이들은 원칙적으로 소득세 등의 납세의무자가 된다.
　그런데 관할 지방자치단체(이하 '지자체')에 별도로 임대주택으로 등록하는 경우가 있다. 이는 세금을 부과하기 위한 목적인 아닌, 주택과 관련된 행정의 편리성을 위해 등록을 요구하는 측면이 있다. 국가는 등록한 주택에 대해 임대료 규제 등을 통해 임차인의 주거 편의를 도모한다. 이러한 임대료 규제 등은 주택임대사업자의 관점에서 보면 불이익이 주어지므로 지자체에서의 등록은 실익이 없다. 그래서 자발적인 등록을 위해서 세법에서 다양한 세제혜택을 부여하고 있다.

앞으로 다룰 임대주택 중 민간임대주택[1]의 임대사업자들이 세무를 이해하기 위해서는 관할 지자체에 등록하는 절차와 지켜야 할 내용을 담고 있는 '민간임대주택법에 관한 특별법(이하 '민간임대주택법')', 그리고 각종 세법('지방세법'과 '국세법')을 동시에 알아야 한다.

| '민간임대주택'과 세법의 내용 비교 |

| 구분 | 민간임대주택법 | 세법 |
| --- | --- | --- |
| 목적 | 임차인의 주거안정 | 주택임대사업자의 세제지원 |
| 임대의무기간 | 4년 또는 8년 | 각 세목별로 정하는 기간 |
| 임대료 5% 증액제한 위배 시 | 과태료 부과 | 세제지원 박탈 |
| 등록의무 | 선택 | 의무 |

---

[1] '민간임대주택법' 제2조 제1호에서는 "민간임대주택"을 임대 목적으로 제공하는 주택(오피스텔 등 대통령령으로 정하는 준주택 및 대통령령으로 정하는 일부만을 임대하는 주택을 포함)으로서 임대사업자가 제5조에 따라 등록한 주택을 말하며, 민간건설임대주택과 민간매입임대주택으로 구분하고 있다.

## 02 주택임대업을 영위하기 위해서는 반드시 세무서에 사업자등록을 내야 하는가?

우선 이 부분을 이해하기 전에 사업자등록의 의미부터 살펴볼 필요가 있다. 사람이 태어나면 주민등록을 하듯 사업자가 사업을 시작하면 사업자등록을 하는 것이 원칙이다. 그렇다면 세법은 이를 왜 요구하는 것일까?

이는 두말할 필요도 없이 세원관리를 하기 위해서다. 소득이 발생했으니 이를 근거로 세금도 거둬들이고, 건강보험료나 기타 부담금을 부과할 때 필요한 소득자료를 제공하기 위해서다. 이렇게 보면 사업자등록제도는 국가로서는 매우 중요한 제도가 된다. 물론 이와 반대편에 있는 납세자들은 소득파악으로 세부담이 증가하는 등의 영향을 받을 수 있다.

그런데 2019년 이전까지만 해도 세무서에 하는 사업자등록은 전무후무하다시피 했다. 대부분 영세한 개인들이 임대업을 영위하다 보니 사업자등록 의무를 부여하지 못했던 것이다. 그렇게 긴 세월을 보낸 후 뒤늦게 이에 대한 의무를 법제화하기에 이르렀다. 따라서 앞으로 주택임대사업자들은 의무적으로 사업자등록을 해야 하는 의무를 부담하게 되었다.

## Tip 주택임대업과 부가가치세 과세여부

주택임대업은 '부가가치세법'상 면세업종에 해당한다. 따라서 주택임대료를 받더라도 부가가치세가 발생하지 않으므로 세금계산서를 발행할 이유가 없다. 한편 사업자가 주택을 임대한 후에 이를 양도하면 주택면적에도 불구하고 건물 매각금액의 10%로 부과하는 부가가치세도 발생하지 않는다. 면세용 주택의 공급에 대해서는 부가가치세를 면제하고 있기 때문이다. 이러한 이유로 이 책에서는 주택임대사업과 관련해 부가가치세 과세문제를 언급하고 있지 않다.

## 03 세무서에 사업자등록을 하지 않으면 어떤 문제가 있는가?

관할 지방자치단체에의 등록은 의무가 아니라 본인에게 유리한 경우에만 할 수 있으므로 이를 하지 않아도 가산세는 없다. 하지만 관할 세무서에 하는 사업자등록은 의무가 된다. 그렇다면 미등록에 따른 가산세는 얼마나 나올까?

미등록 가산세는 '소득세법' 제81조의 2에서 정하고 있는데, 부칙을 보면 2020년 1월 1일부터 시행한다고 하고 있다. 따라서 사업자등록이 늦으면 늦을수록 가산세 부담이 늘어난다(물론 신고도 누락하면 여기에 신고불성실가산세 20%와 납부불성실가산세가 하루 2.5/10,000만큼 부과될 수 있다).

예를 들어 2020년 5월 1일에 사업자등록을 한 경우로써 2020년 1월부터 4월까지 수입금액이 천만 원이라면 이의 0.2%인 2만 원이 가산세가 된다.

# 누가 관할 세무서에 사업자등록을 해야 할까?

　주택임대소득이 발생하면 세무서에의 사업자등록 대상이 되나, 무조건 사업자등록을 하는 것은 아니다. 비과세가 되는 경우에는 사업자등록을 해도 실익이 없는 경우도 있기 때문이다. 물론 양도세 혜택 등을 받기 위해서는 이와 무관하게 사업자등록을 해야 한다. 따라서 사업자등록 의무적용이 되는지의 여부를 먼저 확인하고, 의무가 없는 경우에는 본인의 선택에 따라 사업자등록을 하면 된다.

### 1. '소득세법'상 사업자등록 의무

　'소득세법'에서는 사업개시일로부터 20일 내에 사업자등록을 내도록 하고 있다. 여기서 사업개시일은 통상 개업일을 말하나, 주택임대업의 경우 사업자등록의무가 2020년 1월 1일부터 적용되므로 이날을 사업개시일로 하고 있다.

## 2. 사업자등록을 하지 않아도 되는 경우

임대소득이 비과세되는 경우에는 세무서에의 사업자등록은 하지 않아도 된다. 다음과 같은 경우가 이에 해당한다(부부의 주택 수 합산).

- 주택 수가 1주택이고 기준시가가 9억 원 이하인 경우
- 주택 수가 2주택인 경우로써 전세보증금만 있는 경우
- 주택 수가 3주택 이상인 경우로써 월세가 없고, 소형주택(기준시가 2억 원 이하이고, 면적이 $40m^2$ 이하)을 제외한 주택이 2주택 상태에서 보증금만 있는 경우

## 3. 사업자등록을 해야 하는 경우

다음에 해당하는 사업자들은 세무서에의 사업자등록을 의무적으로 해야 한다.

- 주택 수가 1채이고 기준시가가 9억 원 초과하면서 월세를 받은 경우
- 주택 수가 2주택인 경우로써 월세가 있는 경우
- 주택 수가 3주택 이상인 경우로써 월세가 있거나, 소형주택(기

준시가 2억 원 이하이고, 면적이 $40m^2$ 이하)을 제외한 주택이 3주택 이상인 상태에서 보증금이 있는 경우

## 4. 각종 세제혜택을 받고 싶은 경우

주택에 대한 취득세, 재산세, 종합부동산세(이하 '종부세'), 종합소득세, 건강보험료, 양도소득세(이하 '양도세') 등을 감면받기 위해서는 등록이 필요한데, 이때 관할 지자체에의 사전 등록도 같이 요구하는 경우가 있다.

- 지방세(취득세, 재산세) : 지자체 등록+각 세목별 감면요건 충족
- 국세(종부세, 종합소득세, 양도세) : 지자체 등록+세무서 등록+각 세목별 감면요건 충족

## Tip 주택임대소득에 대한 과세방식과 사업자등록의 관계

주택임대소득에 대한 소득세 과세방식과 사업자등록의 관계를 비교하면 다음과 같다. 이러한 비과세와 과세방식은 사업자등록은 물론이고, 소득세의 크기와 건강보험료 부과 등과 밀접한 관련을 맺는다. 주택 수 판정과 간주임대료 계산 등에 대한 자세한 내용은 뒤에서 살펴본다.

| 주택 수 | 월세 | 전세보증금 | 사업자등록 |
|---|---|---|---|
| 1채 | • 비과세<br>• 과세(기준시가 9억 원 초과 주택 및 국외주택 과세) | • 비과세 | • 비과세 : 사업자등록 불요<br>• 과세 : 사업자등록 요 |
| 2채 | • 과세 | | |
| 3채 이상 | • 과세 | • 보증금 합계액 3억 원 이하 : 비과세<br>• 보증금 합계액 3억 원 초과 : 과세(소형주택 제외) | |

# 세무서에 등록하는 것과 지자체에 등록하는 것과는 어떤 차이가 있는가?

　세무서에서의 사업자등록은 2020년 이후부터 등록의무화가 되었다. 물론 임대소득에 대해 비과세가 적용되는 경우에는 등록하지 않아도 미등록 가산세 등 세법상의 불이익이 전혀 없다. 하지만 주택임대소득에 대해 과세가 되는 경우에는 미등록 가산세가 발생하며 소득세 신고를 누락하는 경우, 신고불성실가산세 등이 별도로 부과될 수 있다.

　한편 지자체 등록은 의무가 아닌 선택사항이다. 즉 본인한테 유리하면 지자체 등록을 하면 되는 것이다. 따라서 등록 전에 반드시 실익판단을 해야 한다. 만일 무턱대고 등록을 하게 되면 세제혜택을 받지 못하더라도 임대의무기간 충족, 임대료 상한 5% 룰 적용 등 '민간임대주택법'에 따른 각종 의무를 이행해야 한다. 물론 이러한 의무를 이행하지 않으면 건별로 최고 3천만 원의 과태료가 나올 수 있다.

결국 세무서와 지자체에 등록은 개별적인 제도이므로 그 차이점을 구별할 수 있어야 한다.

## 1. 지자체에만 등록한 경우 : 등록선택

| 구분 | | 민간임대주택법 | 세법 | |
|---|---|---|---|---|
| | | | 지방세법 | 국세법 |
| 혜택 | | - | • 취득세 감면<br>• 재산세 감면 | - |
| 의무 | 의무 | • 임대의무기간 준수<br>• 임대료 5% 증액제한 준수 등 | - | - |
| | 위반 시 불이익 | 과태료 | 세금추징 | - |

지자체에만 등록한 경우에는 지방세만 감면의 혜택이 있다.

## 2. 세무서에만 등록한 경우 : 등록의무

| 구분 | | 민간임대주택법 | 세법 | |
|---|---|---|---|---|
| | | | 지방세법 | 국세법 |
| 혜택 | | - | - | - |
| 의무 | 의무 | - | - | • 소득세 납세의무(국민건강보험료 포함) |
| | 위반 시 불이익 | - | - | • 가산세 등 |

세무서에만 등록한 경우에는 조세감면혜택은 없고, 소득세 납세의무 등만 있게 된다.

### 3. 지자체 등록과 세무서 등록을 동시에 한 경우

| 구분 | | 민간임대주택법 | 세법 | |
| --- | --- | --- | --- | --- |
| | | | 지방세법 | 국세법 |
| 혜택 | | - | • 취득세 감면<br>• 재산세 감면 | • 종부세 합산배제(비과세)<br>• 종합소득세(건강보험료 포함) 감면<br>• 거주요건 적용배제<br>• 거주주택 양도세 비과세<br>• 중과세 적용배제<br>• 장기보유특별공제 추가 (단기)<br>• 장기보유특별공제 특례 (장기)<br>• 양도세 100% 감면(장기) |
| 의무 | 의무 | • 임대의무기간 준수<br>• 임대료 5% 증액 제한 준수 등 | - | • 임대의무기간 준수<br>• 임대료 상한 룰 5% 준수 |
| | 위반 시 불이익 | 과태료 | 세금추징 | 세금추징 |

지방세는 임대의무기간만 준수하면 감면이 되나, 국세는 이의 기간과 임대로 5% 증액제한 규정을 동시에 준수해야 감면혜택이 주어진다. 참고로 이 책은 주로 앞의 3의 상황에 맞춰 내용을 전개한다.

## Tip 주요 세제혜택 요건

주택임대사업자에 대한 세제혜택은 지자체와 세무서에 등록을 했다고 무조건 주어지는 것이 아니다. 따라서 이를 받기 위해서는 각 세목별로 감면요건을 확인해야 한다. 다음은 지방세와 국세에 해당하는 감면요건을 대략적으로 정리한 것이다.

| 구분 | | | 지방세 | 국세 |
|---|---|---|---|---|
| 세목 | | | 취득세, 재산세 | 종부세, 종합소득세, 양도세 |
| 요건 | 등록 | 지자체 | 등록 요함. | 좌동 |
| | | 세무서 | 등록 불필요함. | 등록 요함. |
| | 주택 | 면적 | 면적요건 적용 | 좌동 |
| | | 가액 2) | 가액조건 없음. | 있음. |
| | | 임대호수 | 없음(단, 재산세는 2호). | 없음(단, 건설임대는 2세대). |
| | | 조정대상지역 | 이 지역요건 없음. | 있음. |
| | 임대의무기간 | | 있음. | 좌동 |
| | 임대료 5% 증액제한 | | 없음. | 있음. |
| | 적용 시한(일몰) | | 있음. | 좌동 |

국세의 경우 가액(기준시가)기준과 임대료 5% 증액제한 요건 등을 포함시켜 지방세보다 감면받기가 상당히 까다롭다.

---

2) 여기서 가액은 지방세의 경우 시가표준액, 국세는 기준시가를 말한다. 이러한 가액기준은 국세에서 많이 등장하는데, 임대주택에 대한 종부세 합산배제, 양도세 중과세 제외, 거주주택 비과세, 장기임대주택에 대한 양도세 감면 등에 폭넓게 적용되고 있다. 이러한 기준시가는 통상 등록일(등록 후 임대개시 시 임대개시일) 당시의 기준시가를 사용한다. 참고로 취득세와 재산세 감면에도 이 가액요건이 추가될지 여부는 개정세법을 통해 확인하기 바란다.

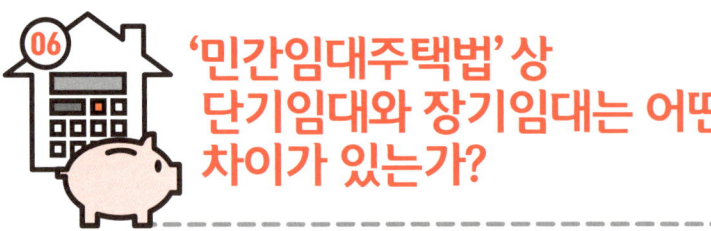

# '민간임대주택법'상 단기임대와 장기임대는 어떤 차이가 있는가?

주택임대업에 대한 세무를 이해할 때 가장 난해한 것 중의 하나는 바로 '민간임대주택법'상 단기임대와 장기임대의 차이점을 이해하는 것이다. 장기로 등록하면 8년 이상을 의무적으로 임대해야 하는데, 이 부분이 상당한 부담으로 작용하기 때문이다. 그렇다고 단기인 4년을 선택하면 실익이 없는 경우도 많아 이래저래 혼란이 발생한다. 그래서 등록하기 전에 이에 대한 실익판단을 제대로 할 필요가 있다. 이에 대해 알아보자.

### 1. '민간임대주택법'에서 정하고 있는 임대의무기간

#### 1) '민간임대주택법'상 임대의무기간
'민간임대주택법'에서는 다음과 같이 임대의무기간 및 양도할 수 있는 사유 등에 대해 정하고 있다.

① 임대사업자는 임대사업자 등록일 등 대통령령으로 정하는 시점부터 제2조 제4호부터 제6호까지의 규정에 따른 기간(이하 "임대의무기간"이라 한다) 동안 민간임대주택을 계속 임대해야 하며, 그 기간이 지나지 아니하면 이를 양도할 수 없다.

② 제1항에도 불구하고 임대사업자는 임대의무기간 동안에도 국토교통부령으로 정하는 바에 따라 시장·군수·구청장에게 신고한 후 민간임대주택을 다른 임대사업자에게 양도할 수 있다. 이 경우 양도받는 자는 양도하는 자의 임대사업자로서의 지위를 포괄적으로 승계하며, 이러한 뜻을 양수도계약서에 명시해야 한다.[3]

③ 제2항은 임대사업자가 임대의무기간이 지난 후 민간임대주택을 양도하는 경우에도 준용한다. 다만, 양수하는 자가 임대사업자로 등록하지 아니하는 경우에는 제2항 후단을 적용하지 아니한다.

④ 제1항에도 불구하고 임대사업자는 임대의무기간 중에도 다음 각 호의 어느 하나에 해당하는 경우에는 대통령령으로 정하는 바에 따라 시장·군수·구청장에게 허가를 받아 임대사업자가 아닌 자에게 민간임대주택을 양도할 수 있다.

1. 부도, 파산, 그 밖의 대통령령으로 정하는 경제적 사정 등으로 임대를 계속할 수 없는 경우
2. 생략

그리고 앞에서 제시한 대통령령(같은 법 시행령 제34조)은 다음과 같이 규정하고 있다.

① 법 제43조 제1항에서 "임대사업자 등록일 등 대통령령으로 정하는 시점"이란 다음 각 호의 구분에 따른 시점을 말한다.
1. 민간건설임대주택 : 입주지정기간 개시일. 이 경우 입주지정기간을 정하지 아니한 경우에는 법 제5조에 따른 임대사업자 등록 이후 최초로 체결된 임대차계약서상의 실제 임대개시일을 말한다.

---

[3] 이렇게 같은 임대사업자한테 포괄적으로 양도하고 신고하면 과태료를 부과하지 않는다.

2. 민간매입임대주택 : 임대사업자 등록일. 다만, 임대사업자 등록 이후 임대가 개시되는 주택은 임대차계약서상의 실제 임대개시일로 한다.
3. 법 제5조 제3항 본문에 따라 단기민간임대주택을 장기일반민간임대주택으로 변경신고한 경우 : 다음 각 목의 구분에 따른 시점

   가. 단기민간임대주택의 임대의무기간 종료 전에 변경신고한 경우 : 해당 단기민간임대주택의 제1호 또는 제2호에 따른 시점

   나. 단기민간임대주택의 임대의무기간이 종료된 이후 변경신고한 경우 : 변경신고의 수리일부터 해당 단기민간임대주택의 임대의무기간을 역산한 날

② 생략

③ 법 제43조 제4항 제1호에서 "대통령령으로 정하는 경제적 사정"이란 다음 각 호의 어느 하나에 해당하는 경우를 말한다.

1. 2년 연속 적자가 발생한 경우
2. 2년 연속 부(負)의 영업현금흐름이 발생한 경우
3. 최근 12개월간 해당 임대사업자의 전체 민간임대주택 중 임대되지 아니한 주택이 20퍼센트 이상이고, 같은 기간 동안 특정 민간임대주택이 계속하여 임대되지 아니한 경우
4. 관계 법령에 따라 재개발, 재건축 등으로 민간임대주택의 철거가 예정되어 민간임대사업을 계속하기 곤란한 경우[4]

앞의 규정들을 분석해보자.

첫째, '민간임대주택법'에서 정하고 있는 임대의무기간은 다음과 같다.

---

[4] 임대 중에 관련법에 따라 재건축·재개발·소규모정비·리모델링사업이 발생하면 임대가 중단될 수밖에 없다. 이때 '민간임대주택법'은 이러한 사유로 임대업이 말소되면 부득이한 사유로 봐서 과태료를 부과하지 않는다. 만일 이러한 상황에서 재건축 후 다시 임대등록을 하는 경우, 새로운 등록으로 봐서 '민간임대주택법' 상의 관련 법률을 적용한다. 한편 세법의 경우에는 주로 국세에서 재건축일 전의 기간과 완공 후의 기간을 통산해 임대의무기간을 산정하고 있다.

| 구분 | 단기민간임대주택 | 장기민간임대주택 |
|---|---|---|
| 매입임대주택 | 4년 | 8년 |
| 건설임대주택 | 4년 | 8년 |

이 법에서는 임대의무기간을 두 종류로 나누고, 이 중 하나를 선택할 수 있게 하고 있다. 이때에는 기준시가나 면적 등 별다른 요건이 없다. 이러한 요건들은 정작 세법에서 정하면 그뿐이기 때문이다. 따라서 '민간임대주택법'은 임대사업자들이 등록할 때 약속한 4년 또는 8년을 지키면 임대기간에 관한 한 의무를 충실히 이행한 결과가 된다. 참고로 '민간임대주택법'상 임대기간은 지자체 등록일~종료일까지를 말하나, 등록일 후에 임대가 개시된 경우에는 실제 임대개시일부터 종료일까지를 말한다.

둘째, 임대의무기간 내에 양도할 수 있는 사유는 2가지 정도가 있다.

하나는 관할 시장·군수·구청장에게 신고한 후 다른 임대사업자에게 양도하는 것이고, 다른 하나는 시장·군수·구청장에게 허가를 받아 임대사업자가 아닌 자에게 양도하는 것을 말한다. 이러한 사유로 양도하는 것은 '민간임대주택법'상 문제가 없으므로 과태료를 부과하지 않는다.

셋째, 앞의 사유 외에 임대의무기간 내에 임의로 양도하면 과태료를 부과하는 것이 원칙이다.

## 2. 단기임대와 장기임대의 실익

이상과 같이 '민간임대주택법'은 임대의무기간만 정하고 있을 뿐 임대의무를 충실히 지킨 경우라도 이에 대한 혜택은 제시하고 있지 않다. 그 이유는 다른 법률, 특히 세법에서 이에 대해 정하고 있기 때문이다. 따라서 임대 전에 실익분석이 매우 필요함은 두말할 필요가 없다. 다음은 단기임대와 장기임대에 대한 실익 중 혜택을 요약·정리한 것이다.

| 구분 | 단기임대 | 장기임대 |
| --- | --- | --- |
| 지방세<br>(취득세, 재산세) | · 취득세 감면 : 100%<br>· 재산세 감면 : 25~50% | · 좌동<br>· 50~100% |
| 국세<br>(종부세, 소득세, 양도세) | · 종부세 합산배제 ○(2018. 4. 1 전)<br>· 임대소득세 감면 : 30%<br>· 거주주택 비과세 ○<br>· 양도세 중과세 제외 ○(2018. 4. 1 전)<br>· 장기보유특별공제 특례 ×<br>· 양도세 100% 감면 × | · 좌동(2018. 4. 1 이후)<br>· 75%<br>· 좌동<br>· 좌동(2018. 4. 1 이후)<br>· ○<br>· ○ |

단기임대와 장기임대 시의 혜택에서 지방세는 크게 차이가 나지 않지만, 국세의 경우에는 대체로 장기임대에 방점을 찍고 있다. 많은 주택임대사업자들이 관심을 두고 있는 장기보유특별공제 50~70%나 양도세 100% 감면 등은 8년 장기임대를 요구하고 있기 때문이다. 하지만 거주주택의 양도세 비과세는 단기임대로 등록하더라도 적용이 가능하며, 기타 종부세 과세와 양도세 중과세 적용 등 불이익을 피하기 위해 등록하는 경우가 있는데, 이때에는 등록 시기별로 단기임대 또는 장기임대로 요건이 달라지고 있다.

# 세법에서 필요한 임대의무기간은 어떻게 되어 있을까?

'지방세법'에서는 임대주택으로 등록하는 것을 유도하기 위해 요건을 갖춘 임대주택에 대해 취득세나 재산세를 감면하고 있다. 마찬가지로 '국세법'에서도 이를 위해 종부세, 종합소득세, 양도세 등을 감면하고 있다. 그런데 세법은 감면효과를 극대화하기 위해 각 세목별로 임대의무기간을 두고, 이를 지키지 못한 경우에는 감면세액을 추징하는 식으로 대응하고 있다. 따라서 세제혜택을 받은 경우에는 반드시 임대의무기간을 지키려는 노력을 할 필요가 있다.

## 1. 세법상의 임대의무기간

'민간임대주택법'상 등록이 가능한 임대유형(단기 또는 장기)에 맞춰 세법상 임대의무기간이 어떻게 되는지 이를 정리하면 다음과 같다.

| 구분 | | 임대유형에 따른 임대의무기간 요건 | |
|---|---|---|---|
| | | 민간임대주택법상 등록 가능한 임대유형 | 세법상 임대의무기간 |
| 취득세 감면 | | 단기 또는 장기 | 좌의 기간[5] |
| 재산세 감면 | 일반임대주택 | 단기 또는 장기 | 좌의 기간 • |
| | 장기임대주택특례 | 장기 | 좌의 기간 • |
| 종합소득세 감면 | | 단기 또는 장기 | 좌의 기간 • |
| 건강보험료 감면 | | 단기 또는 장기 | 좌의 기간 • |
| 1주택 거주요건 적용배제 | 2019. 12. 16 이전 등록 | 단기 또는 장기 | 좌의 기간 |
| | 2019. 12. 17 이후 등록(종료) | - | - (거주요건 적용) |
| 사업자의 거주주택 양도세 비과세 (2019. 2. 12 이후 평생 1회만 허용) | | 단기 또는 장기 | 5년 |
| 양도세 중과세 배제 및 종부세 합산배제 (이 둘은 요건이 같음) | 2018. 3. 31 이전 등록 | 단기 또는 장기 | 5년 • |
| | 2018. 4. 1 이후 등록 | 장기 | 8년 • |
| | 2018. 9. 14 이후 신규 취득등록(조정대상지역) | - | - (중과세 적용 및 종부세 과세) |
| | 2018. 9. 14 이후 신규취득등록(비조정대상지역) | 장기 | 8년 • |
| '조특법'상 양도세 장기보유특별공제 | 추가공제 10% (2018. 3. 31 종료) | 단기 | 6~10년 |
| | 50% 또는 70% 공제 | 장기 | 8년 또는 10년 |
| | 2023. 1. 1 이후 등록 | - | - (적용배제) |
| '조특법'상 양도세 100% 감면(2018. 12. 31 종료) | | 장기 | 10년 • |

예를 들어 양도세 중과세 배제(또는 종부세 합산배제)를 위해서는 '민간임대주택법'상 등록을 해야 하는데, 이때 단기임대를 할 것

---

5) '좌의 기간'이란 단기를 선택한 경우라면 4년, 장기를 선택한 경우라면 8년이 임대의무기간이 된다는 뜻이다.

인지, 장기임대를 할 것인지의 선택은 등록시점에 따라 달라진다.

2018년 4월 1일 전에는 단기(4년)나 장기(8년) 중 하나를 선택하고, '소득세법'에서 제시하는 5년 이상 임대 시 중과세에서 제외했다. 하지만 그 이후에 등록 시 중과세에서 제외되기 위해서는 무조건 8년 이상의 임대기간이 필요하다. 따라서 이 경우에는 장기로만 등록해야 한다. 정부의 세제정책에 따라 법이 강화되어서 그렇다. 하지만 2018년 9월 14일 이후 조정대상지역에서 주택을 구입해 임대한 경우에는 임대등록에도 불구하고 무조건 중과세를 적용한다. 이는 2018년 9월 13일에 제2차 부동산 종합대책(9·13대책)에 따른 것이다.

결국 본인에게 적합한 임대유형을 찾을 때에는 먼저 세제혜택을 정확히 분석할 필요가 있는 것이다. 참고로 앞의 세법상 임대의무기간에서 '•' 표시가 되어 있는 항목들 대부분은 임대의무기간이 완료된 이후에도 임대를 계속하면 세제지원을 받을 수 있음을 뜻한다.

### 2. 임대의무기간을 지키지 못한 경우, 세법상의 불이익

세법은 임대의무기간을 지키지 못하면 대부분 감면세액을 추징하는 식으로 대응하고 있다. 다만, 지방세의 경우 부득이한 사유(부도나 파산 등)에 의한 경우(다음 ③)에는 예외적으로 추징하지 않는 식으로 규정되어 있다.

## Tip 임대의무기간 미충족 시 '민간임대주택법'과 세법상의 불이익 요약

| 구분 | '민간임대주택법'상 과태료 부과 | 세법상 추징 | 비고 |
|---|---|---|---|
| ① 제3자에게 임의 양도 | 3천만 원 | · 지방세 : 추징<br>· 국세 : 추징 | 불이익 대 |
| ② 같은 임대사업자(개인 또는 법인)에게 포괄 양도('민간임대주택법' 제43조 제2항) | – | · 지방세 : 추징<br>· 국세 : 추징 | 불이익 중 |
| ③ 부도 등의 사유로 지자체 허가를 득한 후에 양도('민간임대주택법' 제43조 제4항) | – | · 지방세 : 추징×<br>· 국세 : 추징 | 불이익 소 |

# 임대료 상한 5% 룰은 왜 중요할까?

임대사업자는 '민간임대주택법'과 세법에서 정하고 있는 임대료 상한 5% 룰을 정확히 지켜야 한다. 이를 지키지 않으면 전자에 의해서는 과태료, 후자에 의해서는 세제혜택(주로 국세)을 받지 못하기 때문이다. 이와 관련된 문제를 정리해보자.

## 1. '민간임대주택법'상의 규정

'민간임대주택법' 제44조에서는 다음과 같이 임대료에 대한 규정을 정하고 있다. 이 규정은 세법에서도 준용하고 있으므로 중요성이 있다.

① 임대사업자가 민간임대주택을 임대하는 경우에 최초 임대료(임대보증금과 월임대료를 포함한다)는 다음 각 호의 임대료와 같다〈개정 2019. 4. 23〉.**6)**
1. 공공지원민간임대주택의 경우 : 생략
2. 장기일반민간임대주택 및 단기민간임대주택의 경우 : 임대사업자가 정하는 임대료. 다만, 제5조에 따른 민간임대주택 등록 당시 존속 중인 임대차계약(이하 "종전임대차계약"이라 한다)이 있는 경우에는 그 종전임대차계약에 따른 임대료.

② 임대사업자는 임대기간 동안 임대료의 증액을 청구하는 경우에는 임대료의 5퍼센트의 범위에서 주거비 물가지수, 인근 지역의 임대료 변동률, 임대주택 세대수 등을 고려하여 대통령령으로 정하는 증액 비율을 초과하여 청구해서는 아니 된다〈개정 2018. 1. 16, 2018. 8. 14, 2019. 4. 23〉.

③ 제2항에 따른 임대료 증액 청구는 임대차계약 또는 약정한 임대료의 증액이 있은 후 1년 이내에는 하지 못한다.

④ 임대사업자가 제2항에 따라 임대료의 증액을 청구하면서 임대보증금과 월임대료를 상호 간에 전환하는 경우의 적용기준은 국토교통부령으로 정한다.

앞의 내용을 좀 더 자세히 알아보자.

**1) 최초 임대료**

최초 임대료는 향후 5% 룰을 적용하는 시발점이 되는 임대료 수준을 말한다. 따라서 최초 임대료에 따라 향후 임대수입의 크기가 결정되므로 임대사업자의 관점에서는 매우 예민한 문제가 아닐 수 없다. 그렇다면 최초 임대료는 어떻게 정해질까?

앞의 제1항을 보면 최초 임대료는 임대사업자가 정하도록 하고 있다. 다만, 종전임대차계약이 있는 상태에서는 이 계약에 따른 임대료로 하고 있다. 이처럼 종전임대차계약이 있는 상태에서 임대등

---

6) 시행시기는 2019년 10월 24일 이후다. 이처럼 새롭게 입법예고된 법률의 경우 반드시 부칙을 확인해 시행시기를 확인해야 한다(법조문은 법제처에서 검색).

록을 하면 임대사업자 마음대로 임대료를 올릴 수가 없게 된다. 참고로 이렇게 법이 개정된 때는 2019년 4월 23일(효력은 2019년 10월 24일 이후 발생)이었는데, 그 이전에는 임대등록 후에 갱신하거나 새롭게 작성한 임대차계약상의 임대료를 최초 임대료로 했다. 따라서 이때에는 최초 임대료를 높게 할 수 있었지만 지금은 그렇지 않다. 앞의 내용들을 정리하면 다음과 같다.

| 구분 | 2019년 10월 23일 이전 | 2019년 10월 24일 이후 |
|---|---|---|
| 등록 시 종전임대차계약이 없는 경우 | 등록 후 신규 임대차계약에 따름. | 좌동 |
| 등록 시 종전임대차계약이 있는 경우 | 등록 후의 임대차계약에 따름. | 종전임대차계약에 따름. |

### 2) 증액청구 시 임대료 상한

증액은 임대료를 상향하는 것을 말하는데, 제2항을 보면 임대사업자가 임대기간 동안 증액을 청구하는 경우에는 임대료의 5% 이내에서만 올릴 수 있도록 하고 있다. 그런데 여기서 '임대기간'은 매우 중요한 내용에 해당한다. 종전에는 '임대의무기간' 동안을 의미했지만, 2019년 4월 23일(시행은 동년 10월 24일)에 '전체 임대기간'으로 '민간임대주택법' 제44조의 제2항이 개정되었기 때문이다. 따라서 2019년 10월 24일 이후에는 임대업을 종료하는 날까지 이 룰을 지켜야 함에 유의해야 한다.[7]

---

[7] 세법의 경우에는 일반적으로 임대의무기간이 종료될 때까지만 이러한 요건을 준수하면 된다. 하지만 거주주택 양도세 비과세의 경우에는 거주주택의 양도일까지 이 요건을 준수해야 하는 등 각 세목별로 차이가 난다. 따라서 실무적으로는 임대주택을 양도하거나 거주주택으로 전환하는 날까지는 5% 룰을 준수하는 것이 좋을 것으로 보인다.

| 구분 | 2019년 10월 23일 이전 | 2019년 10월 24일 이후 |
|---|---|---|
| '민간임대주택법'상 용어 | 임대의무기간 | 임대기간 |
| 참고 : 세법 | 세법에서 정한 임대의무기간 (5년, 8년 등) | 좌동 |

### 3) 증액청구 시점

앞의 증액청구를 언제 할 수 있는지의 여부도 중요하다. 월세를 받는 경우 매월도 가능할 수 있기 때문이다. 이에 '민간임대주택법' 제44조 제3항에서는 임대차계약일 또는 약정한 임대료의 증액일로부터 1년 후에만 할 수 있도록 하고 있다. 한편 세법도 이러한 '민간임대주택법'과 동일한 잣대를 사용하고 있다.

| 임대차계약기간 | 증액청구 | 비고 |
|---|---|---|
| 1년 미만 | 불가능함. | |
| 1년 | 가능함. | |
| 2년 | 가능함. | 원칙(주택임대차보호법) |
| 3년 | 가능함. | |
| 참고 : 세법 | '민간임대주택법'과 같음. | |

### 4) 임대보증금과 월임대료 상호 간 전환

임대보증금과 월임대료를 상호 간에 전환하는 경우에는 시행규칙을 통해 이를 확인해야 한다. '민간임대주택법' 시행규칙 제18조(임대보증금과 월임대료 간 전환)에서는 "임대사업자가 법 제44조 제4항에 따라 임대보증금을 월임대료로 전환하려는 경우에는 임차인의 동의를 받아야 하며, 전환되는 월임대료는 '주택임대차보호법' 제7조의 2에 따른 범위를 초과할 수 없다. 월임대료를 임대보증금으로 전환하는 경우에도 또한 같다"라고 하고 있다. 계산은 렌트홈 홈페이지에서 지원하고 있다. 임대차계약 전에 반드시 이를 통해 확인하는 것이 좋다.

### 2. '지방세법'상의 규정

'지방세법'에서는 명시적으로 5% 룰 규정을 도입하고 있지 않다. 왜 그럴까? 여기서 명시하지 않더라도 '민간임대주택법'에 따라 과태료를 부과하면 족하기 때문이다. 하나의 사안을 가지고 두 개의 불이익을 주는 것은 옳지 않다는 판단도 작용한 것으로 보인다. 따라서 취득세나 재산세를 감면받은 후 5% 룰을 위배하더라도 취득세나 재산세 감면분은 추징되지 않는다.

### 3. '국세법'상의 규정

원래 '국세법'에서는 '조특법'에서 규정하고 있는 임대주택에 대한 장기보유특별공제 특례와 양도세 감면을 적용할 때에만 이 5% 룰을 도입하고 있었다. 하지만 최근 정부의 세제정책 강화에 따라 2019년 2월 12일 이후 계약하거나 갱신하는 계약분[8]부터는 주택임대사업자가 누릴 수 있는 대부분의 국세혜택에 이 룰을 도입했다. 따라서 주택임대사업자들이 이 룰을 위반하면 '민간임대주택법'상의 과태료 부과 및 '국세법'상의 각종 감면혜택을 상실하게 된다.

---

8) 2019년 2월 12일 이후에 새롭게 계약한 것을 기준으로 5% 룰을 적용한다.

## Tip 세법상 5% 룰 적용시점과 적용만료시점 요약

| 구분 | '민간임대주택법'상 5% 적용 | 세법상 5% 룰 적용 | | |
|---|---|---|---|---|
| | | 적용 여부 | 적용시점 | 적용만료시점 |
| 취득세 감면 | ○ | × | – 9) | – 10) |
| 재산세 감면 | ○ | × | – | – |
| 종합소득세 감면 | ○ | ○ | 2019년 2월 12일 이후 신규·갱신계약분 | 임대의무 기간 만료 • |
| 1주택 거주요건 적용배제 | ○ | ○ | 상동 | 상동 |
| 임대사업자의 거주주택 양도세 비과세 | ○ | ○ | 상동 | 상동 |
| 양도세 중과세 배제 및 종부세 합산배제 | ○ | ○ | 상동 | 상동(종부세 합산배제 • ) |
| '조특법'상 양도세 장기보유 특별공제 추가 10% | ○ | × | × | × |
| '조특법'상 양도세 장기보유특별공제 50~70% | ○ | ○ | 등록 후 최초 계약분 | 임대의무 기간 만료 |
| '조특법'상 양도세 100% 감면 | ○ | ○ | 상동 | 상동 • |

표에서 '•' 표시가 되어 있는 항목들은 임대의무기간이 종료가 된 이후에도 5% 룰을 준수하는 것이 유리하다.

---

9) '지방세법'상 감면 시에는 5% 룰을 적용하지 않지만, '민간임대주택법'에서는 과태료를 부과한다(단, 부득이한 경우에는 과태료 면제). 따라서 이 경우 5% 룰을 지키지 않으면 과태료는 부과받지만 취득세 감면 등은 받을 수 있다. 참고로 국세에서는 이 룰을 적용하고 있으므로 이 룰을 위반하면 과태료와 각종 세제혜택을 받지 못하게 된다.
10) '민간임대주택법'에 따르면 임대의무기간이 끝난 후에도 5% 룰을 지키도록 법이 개정되었다. 물론 이를 위반하면 과태료가 부과된다.

# 정부의 주택임대사업자에 대한 세제정책의 흐름은 어떻게 될까?

주택임대사업자에 대한 정부의 세제정책이 변화무쌍하다. 따라서 주택임대사업자의 세무를 이해하기 위해서는 이러한 흐름부터 이해할 필요가 있다. 시간의 순서대로 이 부분을 알아보자. 단, 여기서 주의할 것은 주택임대사업자에 대한 세법이 따로 존재하는 것이 아니라는 것이다. 그래서 일반적인 내용에 주택임대사업자의 특례 내용이 더해지므로 내용이 더 복잡해진다. 그만큼 공부해야 할 내용이 많이 늘어난다.

### 1. 2018년 4월 1일(임대의무기간이 5년 → 8년으로 연장)

2018년 4월 1일 전에 등록한 주택임대사업자들은 5년 이상 임대하면 종부세 합산배제(비과세)와 양도세 중과세에서 제외되는 혜택을 받았다. 하지만 이날 이후에 등록한 임대주택들은 8년 이상 임대해야 이 같은 혜택을 받을 수 있게 되었다.

### 2. 2018년 9월 13일(9·13대책)

2018년 9월 13일 이전까지는 주택임대사업자들에게는 세금 천국이었다. 취득세와 보유세는 물론이고 양도세 등 대부분의 국세를 면제받는 특혜를 누릴 수 있었기 때문이다. 하지만 임대주택등록제도가 서민들의 주거안정에 긍정적인 면도 있었지만, 부동산 가격을 급등시킨 부정적인 측면이 더 크게 부각되자 다음과 같은 세제강화책을 도입했다.

| 구분 | 적용대상 | 적용제외 |
|---|---|---|
| 종부세 과세 및 양도세 중과세 적용 | 2018년 9월 14일 이후 조정대상지역 내에서 취득한 매입임대주택 | 건설임대주택, 법인이 취득한 주택 등 |
| '조특법'상 장기임대주택에 대한 양도세 감면 시 가액요건 추가 | 2018년 9월 14일 기준시가 6억 원(수도권 밖은 3억 원) 이하 요건 추가 | 법인은 해당사항 없음. |

이러한 조치로 인해 서울을 포함한 조정대상지역에서 주택을 신규로 취득해 임대하고자 하는 수요들이 사실상 자취를 감추게 되었다. 그나마 이 조치가 발표되기 전에 취득한 주택들은 종전 규정을 적용받게 되어 임대사업자로서의 명맥을 유지할 수 있게 되었다. 따라서 2018년 9월 13일 이전에 취득한 것과 그 후에 취득한 것의 실익이 다를 수 있음에 유의해야 한다.

### 3. 2019년 2월 12일(정부의 '소득세법 시행령' 개정)

2019년 2월 12일에 주택임대사업자들을 더욱더 옥죄는 제도가 도입되었다. 그것은 다름 아닌 주택임대사업자들의 거주주택에 대한 비과세를 평생 1회로 제한하는 한편, 모든 국세의 감면혜택에 임대료 5% 증액제한 요건을 도입한 것이었다. 이 같은 조치들은 기존등록자들한테도 영향을 미쳐 주택임대사업에 대한 메리트를 크게 축소시키는 역할을 하게 되었다.

· 2019년 2월 12일 이후 신규 취득한 거주주택은 평생 1회만 비과세를 적용
· 2019년 2월 12일 이후 신규·갱신한 계약분부터 임대료 5% 증액제한 규정을 적용[11]

### 4. 2019년 12월 16일(12·16대책)

2019년 12월 16일은 제3차 부동산 대책으로 15억 원 초과주택에 대한 담보대출을 0%로 하는 등의 강력한 대출정책이 발표된 날이

---

11) 2019년 2월 12일 이후 갱신하거나 신규로 계약한 계약서상의 임대료(최초 임대료)를 기준으로 향후 임대료를 5% 내에서 올려야 한다. 이전에는 '소득세법'이나 '종부세법'에서 규정되어 있는 주택임대사업자에 대한 감면요건에 임대료 증액제한 규정이 없었는데, 이날 신설되는 바람에 이와 같은 해석이 등장하게 되었다. '민간임대주택법'은 등록 전의 임대차계약서상의 금액을 최초 임대료로 한다(2019. 10. 24 이후 적용).

다. 세제정책에서는 일시적 2주택 비과세 처분기한 1년으로 단축 및 1년 내 전입의무 도입 등이 있었다. 한편 주택임대업과 관련해서는 임대등록을 하더라도 거주요건을 적용하겠다는 조치도 포함되었다. 이는 무주택자가 조정대상지역에서 주택을 구입해 임대등록한 경우 거주요건을 적용하지 않던 것을 폐지한 것이다.

| 구분 | 적용대상 | 비고 |
|---|---|---|
| 거주요건 적용 | 2019년 12월 17일 이후 등록분 | 발표 전의 등록분은 종전 규정 적용 |

## 5. 2020년 1월 1일(2020년 개정세법 시행시기)

2020년 1월 1일은 2019년에 확정된 개정세법이 적용되는 시기다. 이때 주택임대사업과 관련해 의미가 있는 규정이 등장했는데, 그것은 다름이 아닌 장기임대주택에 대해 적용되던 50~70% 장기보유특별공제제도를 2022년 등록분까지만 인정한다는 것이었다. 이에 따라 2023년 이후가 되면 감면효과가 가장 컸던 양도세 혜택이 대부분 없어지게 된다.

## Tip 주택임대사업자의 세제혜택 감면시한(일몰)

| 구분 | 근거법 | 감면시한 |
|---|---|---|
| 취득세 감면 | '지특법' | 2021. 12. 31 |
| 재산세 감면 | '지특법' | 2021. 12. 31 |
| 종합소득세 감면 | '조특법' | 2022. 12. 31 |
| 건강보험료 감면 | '국민건강보험법' | - |
| 1주택 거주요건 적용배제 | '소득세법' | 2019. 12. 17 |
| 임대사업자의 거주주택 양도세 비과세 | '소득세법' | - (평생 1회로 사실상 폐지) |
| 양도세 중과세 배제 및 종부세 합산배제 | '소득세법'/'종부세법' | - (조정대상지역 2018. 9. 14 폐지) |
| '조특법'상 양도세 장기보유특별공제 추가 10% | '조특법' | 2018. 3. 31(등록) |
| '조특법'상 양도세 장기보유특별공제 50~70% | '조특법' | 2022. 12. 31(등록) |
| '조특법'상 양도세 100% 감면 | '조특법' | 2018. 12. 31 |

이렇게 보면 향후 주택임대사업자에 대한 세제혜택은 취득세와 재산세, 종합소득세 등 3가지 위주로 진행될 가능성이 높다. 하지만 취득세는 신규 공동주택에 대해, 종합소득세는 본래 잘 안 내던 세금을 내면서 일부만 감면을 받기 때문에 주택임대업에 대한 세제혜택이 2018년 9월 13일 이전 취득자에 비해 대부분 소멸되었다고 해도 과언이 아니게 되었다.

| 심층분석 | **'민간임대주택법'의 이해**

### 1. '민간임대주택법'의 목적 등

**1) 목적**

이 법은 민간임대주택의 건설·공급 및 관리와 민간 주택임대사업자 육성 등에 관한 사항을 정함으로써 민간임대주택의 공급을 촉진하고 국민의 주거생활을 안정시키는 것을 목적으로 한다(제1조).

**2) 정의**

이 법에서 사용하는 용어의 뜻은 다음과 같다(제2조)

1. "민간임대주택"이란 임대 목적으로 제공하는 주택(오피스텔 등 대통령령으로 정하는 준주택 및 대통령령으로 정하는 일부만을 임대하는 주택을 포함한다)으로서 임대사업자가 제5조에 따라 등록한 주택을 말하며, 민간건설임대주택과 민간매입임대주택으로 구분한다.

---

**제2조(준주택의 범위)**
'민간임대주택법' 제2조 제1호에서 "오피스텔 등 대통령령으로 정하는 준주택"이란 다음 각 호의 요건을 모두 갖춘 오피스텔(이하 "준주택"이라 한다)을 말한다.
1. 전용면적이 85㎡ 이하일 것
2. 상하수도 시설이 갖추어진 전용 입식 부엌, 전용 수세식 화장실 및 목욕시설(전용 수세식 화장실에 목욕시설을 갖춘 경우를 포함한다)을 갖출 것

**제2조의 2(일부만을 임대하는 주택의 범위)**
법 제2조 제1호에서 "대통령령으로 정하는 일부만을 임대하는 주택"이란 '건축법 시행령' 별표 1 제1호 다목에 따른 다가구주택으로서 임대사업자 본인이 거주하는 실(室)(한 세대가 독립하여 구분 사용할 수 있도록 구획된 부분을 말한다)을 제외한 나머지 실 전부를 임대하는 주택을 말한다.

2. "민간건설임대주택"이란 다음 각 목의 어느 하나에 해당하는 민간임대주택을 말한다.
   가. 임대사업자가 임대를 목적으로 건설하여 임대하는 주택(보존등기 후에 임대등록하면 매입임대주택에 해당함)
   나. 생략
3. "민간매입임대주택"이란 임대사업자가 매매 등으로 소유권을 취득하여 임대하는 민간임대주택을 말한다.
4. 생략
5. "장기일반민간임대주택"이란 임대사업자가 공공지원민간임대주택이 아닌 주택을 8년 이상 임대할 목적으로 취득하여 임대하는 민간임대주택을 말한다.[12]
6. "단기민간임대주택"이란 임대사업자가 4년 이상 임대할 목적으로 취득하여 임대하는 민간임대주택을 말한다.

### 3) 다른 법률과의 관계

민간임대주택의 건설·공급 및 관리 등에 관하여 이 법에서 정하지 아니한 사항에 대하여는 '주택법', '건축법', '공동주택관리법' 및 '주택임대차보호법'을 적용한다.

---

12) 이 책에서는 '장기일반민간임대주택'을 장기임대주택으로, 단기민간임대주택을 단기임대주택으로 부르고 있다.

## 2. '민간임대주택법'상의 혜택과 의무

### 1) 혜택

주택임대사업자의 입장에서 '민간임대주택법'상에서는 별다른 혜택은 없다. 다만, 세법에서 각종 세제혜택을 부여하고 있다.

### 2) 의무

주택임대업을 영위하면 '민간임대주택법'에서 정한 각종 의무를 성실히 수행해야 한다. 이 법에서 정한 의무를 이행하지 않는 경우에는 '민간임대주택법'에서 정하고 있는 과태료 등을 부과받을 수 있고, 세법에서 정하고 있는 각종 혜택을 누릴 수 없게 된다. 대략적인 의무를 살펴보자.

① 신고·신청의무

첫째, 계약체결·변경 시부터 3개월 또는 민간임대주택 등록 시 종전임대차계약이 있는 경우에는 등록일로부터 3개월 이내에 임대차계약 신고를 해야 한다(주소지 또는 소재지 관할 지자체).

둘째, 다른 등록 임대사업자에게 주택 매각 시 양도신고의무가 있다.

셋째, 임대의무기간 내 경제적 사정으로 임대를 계속할 수 없는 경우에는 허가신청을 해야 한다.

② 임대차 관련 의무

첫째, 임대의무기간 내 매각이 제한된다.

단, 다른 등록 임대사업자에게 포괄적 양도나 사전허가 시에는 매각이 가능하다.

둘째, 임대기간 내 임대료를 5% 이내에서 올려야 한다.

셋째, 건설임대주택 등의 임대보증금에 대한 보증 가입이 의무화된다.

넷째, 표준임대차계약서를 사용해야 한다.

③ 협력·설명의무

민간임대주택에 대한 임대차계약을 체결하거나 월임대료를 임대보증금으로 전환하는 등 계약내용을 변경하는 경우에는 임대사업자는 다음 각 호의 사항을 임차인에게 설명하고 이를 확인받아야 한다.

· 임대보증금에 대한 보증의 보증기간 등
· 민간임대주택의 선순위 담보권 등 권리관계에 관한 사항. 이 경우 등기부등본을 제시해야 한다.
· 임대의무기간 중 남아 있는 기간과 임대차계약의 해제·해지 등에 관한 사항
· 임대료 증액제한에 관한 사항

## 3. '민간임대주택법'상의 과태료 부과기준

'민간임대주택법'(제67조)상의 과태료는 다음 표와 같이 다양하게 존재한다. 실무적으로 주의해야 할 것들은 다음과 같다. 과태료가 최고 3천만 원까지 나올 수 있기 때문이다.

· 임대의무기간 위배
· 임대사업자가 아닌 자에게 중도 매각
· 임대료 증액 등 임대조건 위반 등

■ '민간임대주택법' 시행령 [별표 3] 〈개정 2019. 10. 22〉

## 과태료의 부과기준(제55조 관련)

### 1. 일반기준

가. 위반행위의 횟수에 따른 과태료의 부과기준은 최근 1년간 같은 위반행위로 과태료를 부과받은 경우에 적용한다. 이 경우 위반횟수는 같은 위반행위에 대하여 과태료 부과처분을 한 날과 처분 후 다시 같은 위반행위를 적발한 날을 각각 기준으로 하여 계산한다. 다만, 법 제67조 제1항 제2호에 해당하는 경우에는 '질서위반행위규제법' 제13조 제2항에 따라 임대하지 않거나 양도한 민간임대주택 호수당 과태료를 부과한다.

나. 과태료 부과 시 위반행위가 둘 이상인 경우에는 부과금액이 많은 과태료를 부과한다.

다. 부과권자는 다음의 어느 하나에 해당하는 경우에는 제2호에 따른 과태료 금액의 2분의 1의 범위에서 그 금액을 늘릴 수 있다. 다만, 과태료를 늘려 부과하는 경우에도 법 제67조 제1항부터 제4항까지의 규정에 따른 과태료 금액의 상한을 넘을 수 없다.

   1) 위반의 내용·정도가 중대하여 임차인등에게 미치는 피해가 크다고 인정되는 경우

   2) 법 위반상태의 기간이 6개월 이상인 경우

   3) 그 밖에 위반행위의 정도, 위반행위의 동기와 그 결과 등을 고려하여 늘릴 필요가 있다고 인정되는 경우

라. 부과권자는 다음의 어느 하나에 해당하는 경우에는 제2호에 따른 과태료 금액의 2분의 1의 범위에서 그 금액을 줄일 수 있다. 다만, 과태료를 체납하고 있는 위반행위자의 경우에는 그 금액을 줄일 수 없으며, 감경 사유가 여러 개 있는 경우라도 감경의 범위는 과태료 금액의 2분의 1을 넘을 수 없다.

   1) 위반행위자가 '질서위반행위규제법 시행령' 제2조의 2 제1항

각 호의 어느 하나에 해당하는 경우
2) 위반행위가 사소한 부주의나 오류로 인한 것으로 인정되는 경우
3) 위반행위자가 위반행위를 바로 정정하거나 시정하여 해소한 경우
4) 위반행위자가 사업여건의 악화 및 현저한 손실이 발생하는 등의 사정이 있는 경우
5) 그 밖에 위반행위의 횟수, 정도, 위반행위의 동기와 그 결과 등을 고려하여 감경할 필요가 있다고 인정되는 경우

2. 개별기준

| 위반행위 | 근거 법조문 | 과태료 금액 | | |
|---|---|---|---|---|
| | | 1차 위반 | 2차 위반 | 3차 이상 위반 |
| 가. 임대사업자가 법 제5조 제3항을 위반하여 등록사항 말소신고를 하지 않은 경우 | 법 제67조 제4항 제1호 | 50 | 70 | 100 |
| 나. 주택임대관리업자가 법 제7조를 위반하여 등록사항 변경신고 또는 말소신고를 하지 않은 경우 | 법 제67조 제3항 제1호 | 200 | 400 | 500 |
| 다. 주택임대관리업자가 법 제12조에 따른 현황 신고를 하지 않은 경우 | 법 제67조 제3항 제2호 | 200 | 400 | 500 |
| 라. 주택임대관리업자가 법 제13조 제1항 및 제2항에 따른 위·수탁계약서 작성·교부 및 보관의무를 게을리한 경우 | 법 제67조 제4항 제2호 | 50 | 70 | 100 |
| 마. 임대사업자가 법 제42조 제4항을 위반하여 민간임대주택 공급신고를 하지 않은 경우 | 법 제67조 제2항 제1호 | 500 | 700 | 1,000 |
| 바. 법 제43조 제1항을 위반하여 임대의무기간 중에 민간임대주택을 임대하지 않은 경우 | 법 제67조 제1항 제1호 | 임대주택당 3,000 | | |
| 사. 법 제43조 제2항 또는 제3항을 위반하여 민간임대주택 양도신고를 하지 않고 민간임대주택을 양도한 자 | 법 제67조 제4항 제2호의 2 | 임대주택당 100 | | |

| 위반 내용 | 근거 법조문 | | | |
|---|---|---|---|---|
| 아. 법 제43조 제4항을 위반하여 임대의 무기간 중에 임대사업자가 아닌 자에게 민간임대주택을 양도한 경우 | 법 제67조 제1항 제2호 | 임대주택당 3,000 | | |
| 자. 법 제44조에 따른 임대조건 등을 위반하여 민간임대주택을 임대한 경우 | 법 제67조 제1항 제3호 | | | |
|   1) 위반건수가 10건 이상인 경우 | | 2,000 | 3,000 | 3,000 |
|   2) 위반건수가 2건 이상 10건 미만인 경우 | | 1,000 | 2,000 | 3,000 |
|   3) 위반건수가 1건인 경우 | | 500 | 1,000 | 2,000 |
| 차. 임대사업자가 법 제45조를 위반하여 임대차계약을 해제·해지하거나 재계약을 거절한 경우 | 법 제67조 제2항 제4호 | 500 | 700 | 1,000 |
| 카. 법 제46조에 따른 임대차계약 신고를 하지 않거나 거짓으로 신고한 경우 | 법 제67조 제2항 제5호 | 500 | 700 | 1,000 |
| 타. 임대사업자가 법 제47조에 따른 표준임대차계약서를 사용하지 않은 경우 | 법 제67조 제2항 제6호 | 500 | 700 | 1,000 |
| 파. 임대사업자가 법 제48조에 따른 설명의무를 게을리한 경우 | 법 제67조 제3항 제3호 | 500 | 500 | 500 |
| 하. 법 제50조를 위반하여 준주택을 주거용이 아닌 용도로 사용한 경우 | 법 제67조 제2항 제7호 | 500 | 700 | 1,000 |
| 거. 법 제50조 제2항, 제60조 및 제61조에 따른 보고, 자료의 제출 또는 검사를 거부·방해 또는 기피하거나 거짓으로 보고한 경우 | 법 제67조 제3항 제4호 | 100 | 200 | 300 |
| 너. 임대사업자가 법 제52조 제2항을 위반하여 임차인대표회의를 구성할 수 있다는 사실 또는 구성해야 한다는 사실을 임차인에게 통지하지 않은 경우 | 법 제67조 제4항 제3호 | 50 | 70 | 100 |
| 더. 임대사업자가 법 제52조 제4항을 위반하여 임차인대표회의와 관리규약 제정·개정 등을 협의하지 않은 경우 | 법 제67조 제3항 제5호 | 500 | 500 | 500 |
| 러. 법 제53조 제1항 및 제2항에 따라 특별수선충당금을 적립하지 않거나 입주자대표회의에 넘겨주지 않은 경우 | 법 제67조 제2항 제8호 | 500 | 700 | 1,000 |

※ 2020년 7월부터 매년 임대사업자의 임대의무 위반에 대한 조사가 있을 예정이다.

# 주택임대업과 취득세 감면

## 01 주택을 취득하면 취득세를 내는데, 이때 얼마의 세금을 부담할까?

지금부터는 앞에서 살펴본 주택임대사업자들의 각종 세제혜택을 구체적으로 살펴보자. 순서는 취득세, 재산세, 종부세, 종합소득세, 양도세 등이 된다. 먼저 취득세에 대해 알아보자.

일반적으로 주택에 대한 취득세는 취득가액의 1~3%로 부과된다. 물론 여기에 농어촌특별세(이하 '농특세')와 지방교육세 등이 추가되어 1.1~3.5%까지 부과된다. 다만, 2020년 이후부터 취득가액이 6억~9억 원 사이인 경우에는 다음과 같은 식으로 세율을 계산해 이를 적용해야 한다.

· 세율 Y(%) = (취득가액 X × $\frac{2}{3억 원}$ − 3) × 1/100

제2장 주택임대업과 취득세 감면

예를 들어 취득가액이 7억 원, 7.5억 원, 8.5억 원인 경우 취득세율을 계산하면 다음과 같다. 이 경우 소수점 이하 다섯째 자리에서 반올림해 소수점 넷째자리까지 계산한다(지법 제11조 제8호 나목).

| 구분 | 취득세율 | 비고 |
|---|---|---|
| 7억 원 | 1.6667% | (7억 원×2/3억 원 - 3)×1/100 |
| 7.5억 원 | 2% | |
| 8.5억 원 | 2.6667% | |

한편 2020년 이후부터는 1세대 3주택 이상자가 주택을 추가로 취득하면 무조건 4%를 적용한다. 이는 다주택자들에게 상당히 불리한 제도에 해당한다. 종전에는 주택 수와 관계없이 무조건 1~3%를 적용하던 것을 4%로 내야 하기 때문이다. 이에 대한 자세한 내용은 바로 뒤에서 살펴보자.

## Tip 취득세 요약

| 구분 | | | 취득세 | 농특세 | 교육세 | 합계 |
|---|---|---|---|---|---|---|
| 일반 | 6억 원 이하 | 전용면적 85㎡ 이하 | 1% | - | 0.1% | 1.1% |
| | | 전용면적 85㎡ 초과 | 1% | 0.2% | 0.1% | 1.3% |
| | 6억 원 ~ 9억 원 이하 | 전용면적 85㎡ 이하 | 2%(가정) | - | 0.2% | 2.2% |
| | | 전용면적 85㎡ 초과 | 2%(가정) | 0.2% | 0.2% | 2.4% |
| | 9억 원 초과 | 전용면적 85㎡ 이하 | 3% | - | 0.3% | 3.3% |
| | | 전용면적 85㎡ 초과 | 3% | 0.2% | 0.3% | 3.5% |
| 1세대 4주택자 | - | 전용면적 85㎡ 이하 | 4% | - | 0.4% | 4.4% |
| | | 전용면적 85㎡ 초과 | 4% | 0.2% | 0.4% | 4.6% |
| 법인[1] | 일반 | | 위 일반 과세유형과 동일 | | | |
| | 다주택 | | | | | |
| | 중과세 | | 수도권 과밀억제권역 내 주택은 중과세 원칙 | | | |

위의 6~9억 원의 취득세율은 57페이지에서 본 것처럼 산식을 통해 계산해야 한다. 이 경우 전용면적 85㎡ 초과 주택의 농특세는 0.2%로 고정되어 있으며, 지방교육세는 주택 취득세율에 1/2과 20%를 곱해 계산한다.

---

1) 법인에 대한 취득세 내용은 이 장의 심층분석을 참조하기 바란다.

## 1세대 4주택자의 취득세율이 인상되었는데, 이때 주택 수 산정은 어떻게 하는 것인가?

2020년 이후부터 1세대 3주택 보유자가 추가로 취득한 주택들에 대해서는 취득원인을 불문하고, 이에 대해 4%의 세율을 적용하게 된다. 따라서 주택을 취득해 임대사업을 영위하는 개인(법인은 제외)들은 개정규정에 주의해야 한다. 이에 대해 알아보자.

### 1. 주택 수 산정방법

이 개정규정에 따르면 주택 수 산정은 1세대별로 한다. 따라서 1세대의 개념을 먼저 이해해야 한다. '지방세법 시행령' 제22조의 2 제2항에서는 다음과 같이 1세대를 정의하고 있다.

② 주택을 취득하는 자와 '주민등록법' 제7조에 따른 세대별 주민등록표 또는 '출입국관리법' 제34조 제1항에 따른 등록외국인기록표 및 외국인등록표에 함께 기재되어 있는 가족(동거인은 제외한다)으로 구성된 세대를 말한다. 다만, 주택을 취득하는 자의 배우자, 미혼인 30세 미만의 직계비속 또는 부모(주택을 취득하는 자가 미혼이고 30세 미만인 경우로 한정한다)는 주택을 취득하는 자와 같은 세대별 주민등록표 또는 등록외국인기록표등에 기재되어 있지 않더라도 1세대에 속한 것으로 본다.

여기서 유의할 것은 미혼인 자녀가 30세 미만인 경우에는 따로 살아도 1세대의 범위에 포함된다는 것이다. 이처럼 미혼이면 소득이 있든, 없든, 따로 살든, 안 살든 무조건 1세대의 범위에 포함되는 것이다.

참고로 이러한 '1세대' 개념은 '국세법'에서 정하고 있는 개념과 차이가 난다. 취득세는 지방세에 해당하는 것이고, 이전까지는 세대개념을 도입하지 않았지만, 2019년에 세법을 개정하면서 이와 관련된 개념을 도입했다. 하지만 이에 대한 개념정리가 국세에 비해 잘 안 되어 있는 실정이다.

## 2. 주택 수 산정방법

다음으로 눈여겨볼 대목은 주택 수를 어떻게 산정하느냐 하는 것이다. 우선 '지방세법 시행령' 제22조의 2 제1항을 살펴보면 다음과 같이 규정되어 있다.

'지방세법' 제11조 제4항 제2호에서 "대통령령으로 정하는 1세대 4주택 이상에 해당하는 주택"이란 국내에 주택(법 제11조 제1항 제8호에 따른 주택2)을 말한다)을 3개 이상 소유하고 있는 1세대가 추가로 취득하는 모든 주택을 말한다. 이 경우 주택의 공유지분이나 부속 토지만을 소유하거나 취득하는 경우에도 주택을 소유하거나 취득한 것으로 본다.

그런데 여기서 몇 가지 쟁점이 있다.

적용대상인 주택의 범위는 어떻게 되는지, 주택의 공유지분도 주택 수에 들어오는지, 주택 부수 토지도 해당되는지 등이 그렇다. 이를 정리해보면 다음과 같다.

첫째, 주택의 범위는 '주택법' 제2조 제1호에 따른 주택을 말한다.

'주택법' 제2조 제1호에서는 주택을 크게 단독주택과 공동주택으로 구분하고 있다. 따라서 우리가 알고 있는 단독주택, 다가구주택, 다중주택 같은 단독주택은 물론이고, 연립주택, 아파트 같은 공동주택도 포함한다.

따라서 '주택법'상 주택이 아닌 오피스텔, 건설 중에 있는 입주권이나 분양권 등은 이 규정을 적용받는 주택에 해당하지 않는다. 이러한 주택의 범위는 국세인 임대소득세나 양도세에서는 다르게 취급된다는 점에 유의해야 한다.

---

2) 이는 '주택법' 제2조 제1호에 따른 주택으로서 '건축법'에 따른 건축물대장·사용승인서·임시사용승인서 또는 '부동산등기법'에 따른 등기부에 주택으로 기재된 주거용 건축물과 그 부속 토지 등을 말한다. 따라서 '주택법'상의 주택이 아닌 오피스텔은 주택 수에 포함되지 않는 것이다.

둘째, 공유지분도 주택 수에 포함된다.

예를 들어 단독주택 2채와 지분주택 1채를 가지고 있다면 3채가 된다. 여기서 지분주택은 상속이나 증여 등의 취득유형에 상관없이 주택 수에 산정한다. 그러나 동일세대원이 지분으로 보유한 주택은 1개의 주택으로 본다. '지방세법 시행령' 제22조의 2 제1항을 보면 부부 등 세대 내에서 공동소유하는 경우에도 각각 1주택으로 본다는 것으로 해석이 가능하나, 행정안전부는 동일세대원의 지분으로 보유한 주택은 1개의 주택을 소유한 것으로 해석하고 있다.

셋째, 주택 부수 토지만 가지고 있어도 주택 수에 포함된다.

앞의 시행령 규정을 보면 이러한 경우도 주택 수에 포함하는 것으로 하고 있다. 예를 들어 자녀가 건물 부분, 아버지가 대지를 보유하고 있다면 각자가 주택을 보유하고 있는 것으로 볼 수 있다는 것이다.

참고로 이러한 주택 수 산정방법은 각 세목별로 다르게 규정되어 있다. 따라서 각 세목에 대한 세금을 검토할 때 주택 수를 어떤 식으로 규정하고 있는지를 늘 검토해야 한다.

## Tip 법 시행 전 계약한 자에 대한 경과조치

'지방세법 시행령' 제22조의 2 제1항의 개정규정을 적용할 때 국내에 주택을 3개 이상 소유하고 있는 1세대가 2019년 12월 4일 전에 주택에 대한 매매계약을 체결하고, 이 영 시행 이후 3개월(공동주택 분양계약을 체결한 경우에는 3년[3]) 내에 해당 주택을 취득하는 경우에는 해당 주택을 1세대 4주택 이상에 해당하는 주택으로 보지 않는다.

---

3) 분양권 계약을 한 경우에는 3년 내에 완공이 된 경우 이 규정이 적용되지 않는다.

## 03 주택임대사업자도 4%를 내야 하는가?

주택임대사업자도 앞서 언급된 4%를 적용받을 수 있다. 주택 수를 산정할 때 원칙적으로 '주택법'상의 주택이면 모두 포함해 주택 수를 판정하기 때문이다. 다만, 주택임대사업자들은 신규로 분양되는 주택을 취득해 임대한 경우에는 취득세 감면의 혜택이 있다. 사례를 통해 이를 확인해보자.

예를 들어 다음과 같이 임대사업을 하고 있다고 하자. 추가로 1채를 취득해 임대사업을 할 경우 취득세율은 몇 %가 될지 알아보자.

먼저 상황 ①의 경우, 현재 2주택 보유에 해당하므로 추가 취득한 경우 1~3%가 적용된다. 상황 ②의 경우, 현재 3주택을 보유 중에 있으므로 추가 취득한 경우 4%가 적용된다. 그렇다면 ③의 경우에는 어떨까?

| 상황 | 보유주택 | |
|---|---|---|
| | 임대주택 | 일반주택 |
| ① | 1채 | 1채 |
| ② | 2채 | 1채 |
| ③ | 다가구주택 1채(5호) | 1채 |
| ④ | 1채 | 1채, 그 외 상속지분주택 |
| ⑤ | 1채 | 1채(부부공동명의) |

일단 앞에서 본 것처럼 주택 수를 산정할 때에는 '주택법'을 따라가게 된다. 따라서 '주택법'에 의하면 다가구주택은 단독주택에 해당하므로 총 2채를 보유한 것으로 봐서 추가 취득 시 1~3%가 적용된다.

한편 ④의 경우에는 현재 3채가 된다. 상속으로 받은 소수지분주택도 주택 수에 포함되기 때문이다('지방세법'에서는 상속 등에 대한 배려가 없음). 따라서 이 경우 4%가 적용된다. 하지만 ⑤처럼 동일 세대원인 부부가 공동명의로 보유하고 있는 주택은 1주택으로 간주된다. 따라서 현재 2주택을 보유하고 있으므로 추가 취득한 주택은 1~3%가 적용된다.

# 임대사업자가 취득세를 감면받을 수 있는 조건은?

임대사업자가 주택을 취득하면 일단 취득세를 내야 한다. 그런데 오래전부터 일정한 조건을 충족한 주택들에 대해서는 취득세를 감면하고 있다. 이하에서는 이와 관련된 내용들을 정리해보자.

먼저 취득세 감면은 '지특법' 제31조 제1항에서 다음과 같이 규정하고 있다.

① '민간임대주택법'에 따른 임대사업자(임대용 부동산 취득일부터 60일 이내에 해당 임대용 부동산을 임대목적물로 하여 임대사업자로 등록한 경우를 말한다)가 임대할 목적으로 공동주택을 건축하는 경우 그 공동주택과 임대사업자가 임대할 목적으로 건축주로부터 공동주택 또는 '민간임대주택법' 제2조 제1호에 따른 준주택 중 오피스텔을 최초로 분양받은 경우 그 공동주택 또는 오피스텔에 대해서는 다음 각 호에서 정하는 바에 따라 지방세를 2021년 12월 31일까지 감면한다.
1. 전용면적 60㎡ 이하인 공동주택 또는 오피스텔을 취득하는 경우에는 취득세

를 면제한다.
2. '민간임대주택법' 등에 따라 8년 이상의 장기임대 목적으로 전용면적 60㎡ 초과 85㎡ 이하인 임대주택을 20호(戶) 이상 취득하거나, 20호 이상의 장기임대주택을 보유한 임대사업자가 추가로 장기임대주택을 취득하는 경우에는 취득세의 100분의 50을 경감한다.

앞의 내용을 살펴보면 감면내용이 다소 까다롭다. 이를 차근차근 정리해보자.

첫째, 감면을 받기 위해서는 임대용 부동산 취득일로부터 60일 내에 임대사업자로 등록해야 한다. 이때 등록은 장·단기를 불문한다.
한편 앞서 취득일은 보통 잔금청산일을 말한다. 다만, 자가신축은 사용승인일이 해당한다. 따라서 감면을 받기 위해서는 이날 기준으로 60일 내에 관할 지자체에 임대사업자등록이 되어야 한다. 참고로 관할 세무서에 하는 사업자등록은 국세인 양도세 감면 등이 필요한 경우 이에 대해서도 해야 한다.

둘째, 감면대상은 2가지가 있다.
하나는 임대목적으로 건축한 공동주택이 있고, 다른 하나는 건축주로부터 최초 분양받은 공동주택이 있다. 오피스텔의 경우, 후자의 경우에만 감면혜택이 있다.

셋째, 면적 및 임대호수에 따른 감면율에서 차이가 있다.

| 구분 | 임대유형 | 감면율 | 감면대상 | 감면에 필요한 호수 |
|---|---|---|---|---|
| 전용면적 60㎡ 이하 | 단기 또는 장기 | 100%[4] | 일반 임대주택 | 1호 이상 |
| 전용면적 60~85㎡ 이하 | 장기 | 50% | 8년 이상 장기임대주택 | 20호 이상 |

참고로 전용면적 $60m^2$ 이하의 경우 취득세액이 200만 원 초과한 경우에는 85% 정도만을 감면받을 수 있다. 감면세액의 15% 정도는 최소한 내도록 하는 제도가 도입되어 있기 때문이다. 취득가액이 2억 원 넘는 공동주택이나 주거용 오피스텔이 이에 해당한다.

넷째, 감면시한이 있다.

이 감면조치는 2021년 12월 31일까지 취득이 완료된 주택에 대해서만 적용한다. 따라서 2021년에 세법이 개정되지 않는다면 감면이 더 이상 적용되지 않는다.

---

[4] '지특법' 제177조의 2
① 이 법에 따라 취득세 또는 재산세가 면제(지방세 특례 중에서 세액감면율이 100분의 100인 경우와 세율경감률이 '지방세법'에 따른 해당 과세대상에 대한 세율 전부를 감면하는 것을 말한다)되는 경우에는 이 법에 따른 취득세 또는 재산세의 면제규정에도 불구하고 100분의 85에 해당하는 감면율을 적용한다. 다만, 다음 각 호의 어느 하나에 해당하는 경우에는 그러하지 아니하다.
1. '지방세법'에 따라 산출한 취득세 및 재산세의 세액이 다음 각 목의 어느 하나에 해당하는 경우
  가. 취득세 : 200만 원 이하
  나. 재산세 : 50만 원 이하('지방세법' 제122조에 따른 세 부담의 상한을 적용하기 이전의 산출액을 말한다)

## Tip 매입주택임대사업자의 주택과 오피스텔에 대한 취득세 감면요약

| 구분 | 주택 종류 | 전용 면적 | 시가 표준액[5] | 임대등록 | | 임대의무 기간 | 임대 호수 | 감면 효과 |
|---|---|---|---|---|---|---|---|---|
| | | | | 지자체 | 세무서 | | | |
| 요건 | 공동주택, 오피스텔 | 60㎡ 이하 | 무관 | ○ (4년 또는 8년) | × | 4년 또는 8년 | 1호 이상 | 100% 감면 |
| 비고 | 신규 분양분에 한함. | – | – | 취득일~ 60일 내 등록 | – | 요건 미충족 시 추징 | – | 단, 감면 세액이 200만 원 초과 시 85% 감면 |

---

5) 취득세 감면요건에 시가표준액(기준시가) 요건이 들어올 수 있다. 개정세법을 통해 확인하기 바란다.

# 취득세를 감면받으면 몇 년을 의무적으로 임대해야 할까?

주택임대사업자가 취득세를 감면받으면 대부분 임대를 계속하게 된다. 그런데 문제는 중도에 임대업을 포기하면 어떻게 될까? 이때에는 '민간임대주택법'에 따라 과태료 같은 제재가 있을 수 있고, 세법에서 부여하고 있는 각종 세제혜택이 박탈된다. 이러한 문제에 대해서는 뒤에서 살펴보기로 하고, 지금은 취득세 감면추징에 대해서만 알아보자.

감면된 취득세 추징에 대해서는 '지특법' 제31조 제2항에서 다음과 같이 규정하고 있다.

② 제1항을 적용할 때 '민간임대주택법' 제43조 제1항에 따른 임대의무기간에 대통령령으로 정한 경우가 아닌 사유로 다음 각 호의 어느 하나에 해당하는 경우에는 감면된 취득세를 추징한다.
1. 임대 외의 용도로 사용하거나 매각·증여하는 경우
2. '민간임대주택법' 제6조에 따라 임대사업자 등록이 말소된 경우

이 규정을 조금 더 자세히 살펴보자.

첫째, '민간임대주택법'에서 정하고 있는 임대의무기간은 다음과 같다.

· 장기민간임대주택 : 8년 이상 임대
· 단기민간임대주택 : 4년 이상 임대

이러한 임대의무기간은 관할 지자체에 본인이 선택한 것을 기준으로 한다. 즉 임대등록할 때 4년짜리 단기를 선택했다면 4년, 8년짜리 장기를 선택했다면 8년을 의무임대해야 한다는 것이다.

둘째, 대통령령에서 정한 사유를 알아보자.

이는 비록 임대의무기간을 지키지 못했지만 취득세 감면추징을 하지 않는다는 것을 말한다. 이에는 다음과 같은 사유들이 있다('지특법 시행령' 제13조 제4항).

1. 부도, 파산, 그 밖의 대통령령[6]으로 정하는 경제적 사정 등으로 임대를 계속할 수 없는 경우
2. 생략

---

[6] 다음과 같은 상황을 말한다('민간임대주택법 시행령' 제34조 제3항).
  1. 2년 연속 적자가 발생한 경우
  2. 2년 연속 부(負)의 영업현금흐름이 발생한 경우
  3. 최근 12개월간 해당 임대사업자의 전체 민간임대주택 중 임대되지 아니한 주택이 20퍼센트 이상이고, 같은 기간 동안 특정 민간임대주택이 계속하여 임대되지 아니한 경우
  4. 관계 법령에 따라 재개발, 재건축 등으로 민간임대주택의 철거가 예정되어 민간임대사업을 계속하기 곤란한 경우

예를 들어 임대사업자가 부도가 나거나 재개발, 재건축 등으로 민간임대주택의 철거가 예정되어 민간임대사업을 계속하기 곤란한 경우 등에 해당되어 임대의무기간을 지키지 못하더라도 취득세를 추징하지 않는다는 것이다.

셋째, 앞 외의 사유에 의한 경우에는 취득세를 추징한다.

앞의 규정을 보면 임대의무기간 내에 임대 외의 용도로 사용하거나 매각·증여하는 경우와 '민간임대주택법' 제6조에 따라 임대사업자 등록이 말소된 경우[7]에는 취득세를 추징한다. 후자의 경우 '민간임대주택법'을 위반해 말소된 경우를 말한다. 따라서 이에 해당하면 감면받은 취득세를 반환해야 한다. 다만, 취득세는 추징이 되더라도 이자상당액을 가산하는 규정은 지방세에서는 별도로 두고 있지 않다(재산세도 동일).

---

[7] '민간임대주택법' 제6조(임대사업자 등록의 말소)
  ① 시장·군수·구청장은 임대사업자가 다음 각 호의 어느 하나에 해당하면 등록의 전부 또는 일부를 말소할 수 있다. 다만, 제1호에 해당하는 경우에는 등록의 전부 또는 일부를 말소해야 한다.
  1. 거짓이나 그 밖의 부정한 방법으로 등록한 경우
  2. 임대사업자가 제5조에 따라 등록한 후 대통령령으로 정하는 일정 기간 안에 민간임대주택을 취득하지 아니하는 경우
  3. 제5조 제1항에 따라 등록한 날부터 1개월이 경과하기 전 또는 제43조의 임대의무기간이 경과한 후 등록 말소를 신청하는 경우
  4. 제5조 제4항의 등록기준을 갖추지 못한 경우. 다만, 일시적으로 등록기준에 미달하는 등 대통령령으로 정하는 경우는 그러하지 아니하다.
  5. 제43조 제2항에 따라 민간임대주택을 양도한 경우
  6. 제43조 제4항에 따라 민간임대주택을 양도한 경우
  7. 제44조에 따른 임대조건을 위반한 경우
  8. 제45조를 위반하여 임대차계약을 해제·해지하거나 재계약을 거절한 경우
  9. 제50조의 준주택에 대한 용도제한을 위반한 경우

## Tip 임대의무기간 내 양도 시의 불이익

| 구분 | 과태료 부과 | 비고 |
| --- | --- | --- |
| ① 제3자에게 임의 양도 | 3천만 원 | · 지방세 : 추징<br>· 국세 : 추징 |
| ② 같은 임대사업자(개인 또는 법인)에게 양도 | - | · 지방세 : 추징<br>· 국세 : 추징 |
| ③ 지자체 허가를 득한 후에 양도 | - | · 지방세 : 추징×<br>· 국세 : 추징 |

> **심층 분석** | 법인이 주택을 취득하면 일반적인 취득세는 얼마나 낼까?
> 그리고 법인이 주택을 취득하면 중과세를 적용받을까?

법인이 주택을 취득하면 일반적으로 1~3%의 세율이 적용된다. 그렇다면 법인은 주택 수가 많으면 4%가 적용될까? 한편 법인의 경우 취득세 중과세가 적용된다고 하는데, 이에 대한 세법상의 규정은 어떻게 되어 있는지 알아보자.

첫째, 법인은 다주택자에게 적용되는 4%는 적용되지 않는다.

앞에서 살펴본 1세대 3주택자의 추가 취득에 대한 취득세 4%는 개인에게만 적용되는 것이지 법인과는 관계가 없다. 따라서 '지방세법'이 개정되지 않는 한 법인에 대한 취득세는 현행과 동일하게 적용된다.[8]

둘째, 수도권 과밀억제권역 내에서 주택을 취득하면 취득세가 중과세되는 것이 원칙이다. 다만, 다음과 같은 요건을 모두 충족해야 중과세가 적용된다.

- 수도권 과밀억제권역(단, '산업집적활성화 및 공장설립에 관한 법률'을 적용받는 산업단지[9]는 제외) 내에서 법인을 설립할 것
- 이 지역에서 설립된 지 5년이 미경과할 것
- 이 지역 내의 주택(부동산)을 취득할 것

---

[8] 이러한 차이 때문에 향후 이 부분이 개인과 동일하게 일치될 가능성이 높다.
[9] 구로디지털산업단지 등이 이에 해당한다.

따라서 법인이 주택 등을 취득하기 전에 취득세 중과세를 검토해야 한다.

셋째, 주택임대업을 영위하면 취득세 중과세는 제외된다.

앞의 규정에 따라 취득세 중과세가 적용되는 경우라도 중과세 적용 제외 업종을 영위하면 중과세에서 벗어날 수 있다.

'지방세법' 제13조 제2항 단서조항에서는 다음과 같은 요건을 충족하면 중과세에서 제외하고 있다.

> 다만, '수도권정비계획법' 제6조에 따른 과밀억제권역('산업집적활성화 및 공장설립에 관한 법률'을 적용받는 산업단지는 제외한다)에 설치가 불가피하다고 인정되는 업종으로서 대통령령으로 정하는 업종에 직접 사용할 목적으로 부동산을 취득하거나, 법인이 사원에 대한 분양 또는 임대용으로 직접 사용할 목적으로 대통령령으로 정하는 주거용 부동산을 취득하는 경우의 취득세는 제11조에 따른 해당 세율을 적용한다.

앞의 내용을 조금 상세히 살펴보면 다음과 같다.

첫째, 대통령령으로 정하는 업종은 '지방세법 시행령' 제26조에서 열거하고 있는데, 이 중에 다음과 같은 업종이 포함되어 있다.

> • 31. '민간임대주택법' 제5조에 따라 등록을 한 임대사업자 또는 '공공주택 특별법' 제4조에 따라 지정된 공공주택사업자가 경영하는 주택임대사업

따라서 관할 지자체에 임대등록이 되어 있는 경우에는 취득세 중과세를 적용하지 않는다. 이때 등록은 4년 단기임대든, 8년 장기임대

든 문제가 되지 않는다. 또한 기준시가나 주택규모 등과도 관계가 없다. 오직 임대등록을 했다는 사실만 중요하다.

둘째, 사원에 대한 분양 또는 임대를 위한 주거용 부동산도 취득세 중과세를 적용하지 않는다.

여기서 주거용 부동산은 1구(1세대가 독립해 구분 사용할 수 있도록 구획된 부분을 말한다)의 건축물의 연면적(전용면적을 말한다)이 $60m^2$ 이하인 공동주택 및 그 부속 토지를 말한다.

셋째, 다만, 다음과 같은 상황이 발생하면 취득세 중과세가 적용되어 세금이 추징됨에 유의해야 한다.

① 취득한 부동산이 다음 각 목의 어느 하나에 해당하는 경우
  · 정당한 사유 없이 부동산 취득일부터 1년이 경과할 때까지 대도시 중과 제외 업종에 직접 사용하지 아니하는 경우
  · 정당한 사유 없이 부동산 취득일부터 1년이 경과할 때까지 사원주거용 목적 부동산으로 직접 사용하지 아니하는 경우
  · 부동산 취득일부터 1년 이내에 다른 업종이나 다른 용도에 사용·겸용하는 경우

② 취득한 부동산이 다음 각 목의 어느 하나에 해당하는 경우
  · 부동산 취득일부터 2년 이상 해당 업종 또는 용도에 직접 사용하지 아니하고 매각하는 경우
  · 부동산 취득일부터 2년 이상 해당 업종 또는 용도에 직접 사용하지 아니하고 다른 업종이나 다른 용도에 사용·겸용하는 경우

# 제3장

## 주택임대업과 재산세 감면

# 주택을 보유하고 있으면 재산세는 어떻게 과세될까?

매년 6월 1일을 기준해 주택을 보유하고 있으면 지방세 중의 하나인 재산세가 부과된다. 그런데 재산세 과세방식이 취득세에 비해 독특하다. 시장에서 거래되는 가액이 없기 때문에 자연스럽게 정부에서 정한 가격[1]을 사용한다. 이에 따라 이 가격이 급등한 경우 세부담도 증가하므로, 이를 제어하는 장치들이 등장하기 때문이다. 대략적인 재산세 과세구조 등을 살펴보자.

## 1. 재산세 구조

재산세는 다음과 같이 계산된다.

---

1) 지방세에서는 이를 시가표준액이란 용어를 사용한다. 국세에서 사용하는 기준시가와 같은 개념이다.

- 재산세 과세표준=시가표준액×공정시장가액비율
- 재산세 산출세액=(시가표준액×공정시장가액비율)×세율
- 재산세 납부세액=Min[재산세 산출세액, 세부담 상한액]

앞에서 시가표준액은 정부에서 정한 가액을, 공정시장가액비율은 일종의 과표 현실화율로 다음과 같이 정해져 있다.

| 구분 | 비율 | 비고 |
| --- | --- | --- |
| 토지 및 건축물 | 70% | 정부의 정책에 따라 증감이 가능함. |
| 주택 | 60% | |

한편 재산세율은 별장과 주택으로 구분되어 다음과 같이 정해져 있다.

- 별장 : 과세표준의 1,000분의 40
- 그 밖의 주택

| 과세표준 | 세율 |
| --- | --- |
| 6천만 원 이하<br>6천만 원 초과 1억 5천만 원 이하<br>1억 5천만 원 초과 3억 원 이하<br>3억 원 초과 | 1,000분의 1<br>60,000원+6천만 원 초과금액의 1,000분의 1.5<br>195,000원+1억 5천만 원 초과금액의 1,000분의 2.5<br>570,000원+3억 원 초과금액의 1,000분의 4 |

그런데 재산세는 시가표준액의 증가에 따라 산출세액도 증가하게 되므로 납세의무자의 편의를 고려해 인상한도를 정하고 있다. 주택의 경우 다음과 같이 규정되어 있다.

| 구분 | 상한율 | 비고 |
|---|---|---|
| 시가표준액 3억 원 이하 | 105% | 재산세는 지방세에 해당하므로 세부담 증가폭을 크게 할 수 없음. |
| 시가표준액 3~6억 원 이하 | 110% | |
| 시가표준액 6억 원 초과 | 130% | |

## 2. 도시지역분 재산세

현행 '지방세법' 제112조에서는 다음과 같이 재산세 도시지역분을 별도로 정하고 있다.

① 지방자치단체의 장은 '국토의 계획 및 이용에 관한 법률' 제6조 제1호에 따른 도시지역 중 해당 지방의회의 의결을 거쳐 고시한 지역 안에 있는 대통령령으로 정하는 토지, 건축물 또는 주택에 대하여는 조례로 정하는 바에 따라 제1호에 따른 세액에 제2호에 따른 세액을 합산하여 산출한 세액을 재산세액으로 부과할 수 있다.
1. 제110조의 과세표준에 제111조의 세율을 적용하여 산출한 세액
2. 제110조에 따른 토지 등의 과세표준[2]에 1천분의 1.4를 적용하여 산출한 세액
② 지방자치단체의 장은 해당 연도분의 제1항 제2호의 세율을 조례로 정하는 바에 따라 1천분의 2.3을 초과하지 아니하는 범위에서 다르게 정할 수 있다.
③ 제1항에도 불구하고 재산세 도시지역분 적용대상 지역 안에 있는 토지 중 '국토의 계획 및 이용에 관한 법률'에 따라 지형도면이 고시된 공공시설용지 또는 개발제한구역으로 지정된 토지 중 지상건축물, 골프장, 유원지, 그 밖의 이용시설이 없는 토지는 제1항 제2호에 따른 과세대상에서 제외한다.

---

2) 과세표준은 '시가표준액'에 공정시가액비율을 곱해 계산한다.

도시지역분도 재산세의 일종으로 주택 등 대상 부동산이 도시지역 내에 소재하면 본래의 재산세에 추가된다. 다만, 이러한 도시지역분은 지방의회의 의결을 거쳐 진행되므로 지자체마다 적용되는 세율 등이 달라질 수 있는 점에 유의하자.

### 3. 재산세에 부가되는 세목들

이외에 재산세에 부가되는 세목들도 알아둘 필요가 있다.

#### 1) 지역자원시설세
특정 부동산의 소유자를 대상으로 건축물 등의 시가표준액을 과세표준으로 해서 이에 0.04~0.12%를 부과하는 지방세에 해당한다('지방세법' 제146조 참조).

#### 2) 지방교육세
재산세 납세의무자를 대상으로 재산세 납부세액의 20%를 부과하는 지방세에 해당한다.

## Tip 주택에 대한 재산세 과세방식 요약

| 구분 | 재산세(지방세) | 비고 |
|---|---|---|
| 납세의무자 | 매년 6월 1일 현재 재산의 소유자 | |
| 과세방법 | 주택 물건별 과세 | 인별로 합산하지 않음. |
| 공정시장가액비율<br>(과세표준) | 공시가격의 60% | |
| 과세구간 및 세율 | **주택**<br>과세표준 / 세율(%)<br>6천만 원 이하 / 0.1<br>1.5억 원 이하 / 0.15<br>3억 원 이하 / 0.25<br>3억 원 초과 / 0.4 | 2020년 기준 |
| 세부담 상한율 | · 시가표준액 3억 원 이하 : 105%<br>· 6억 원 이하 : 110%<br>· 6억 원 초과 : 130% | 증가 허용 한도액<br>(전년도 납부기준) |
| 비과세 | 임시사용 목적의 건축물로서 1년 미만인 것 등 | |
| 중과세 | 고급오락등 사치성 재산 | |
| 감면 | 임대주택 등 | 임대사업자등록 요 |
| 납부방법 | 부과 고지(7월, 9월) | |
| 최소납부세액제도 | 감면세액이 50만 원 초과 시 감면세액의 15% 납부 | |

## 주택임대사업자는 재산세를 감면받을 수 있다고 하는데, 그 감면요건은 어떻게 될까?

재산세 감면은 '지특법'에서 정하고 있는데, 크게 2가지 유형이 있다. 하나는 일반적인 감면규정('지특법' 제31조)이고, 다른 하나는 장기임대주택에 대한 감면규정('지특법' 제31조의 3)이다. 이때 두 개의 규정을 동시에 적용받는 경우에는 유리한 것을 선택하면 된다.

| 구분 | '지특법' 제31조 | '지특법' 제31조의 3 |
|---|---|---|
| 임대등록유형 | 단기 또는 장기 | 장기 |
| 대상주택 | 공동주택, 오피스텔 | 공동주택, 오피스텔, 다가구주택 |
| 필요한 주택 수 | 2호 이상 | 2호 이상 등 |
| 감면율 | · 60㎡ 이하 : 50%<br>· 85㎡ 이하 : 25% | · 40㎡ 이하 : 100%<br>· 60㎡ 이하 : 75%<br>· 85㎡ 이하 : 50% |

## 1. 일반적인 재산세 감면규정('지특법' 제31조)

현행 '지특법' 제31조 제3항에서는 다음과 같이 재산세 감면요건을 두고 있다.

---

③ 대통령령으로 정하는 임대사업자 등이 대통령령으로 정하는 바에 따라 국내에서 임대용 공동주택 또는 오피스텔을 과세기준일 현재 2세대 이상 임대 목적으로 직접 사용하는 경우에는 다음 각 호에서 정하는 바에 따라 재산세를 2021년 12월 31일까지 감면한다.

1. 전용면적 40㎡ 이하인 '공공주택 특별법' 제50조의 2 제1항에 따라 30년 이상 임대 목적의 공동주택에 대해서는 재산세('지방세법' 제112조에 따른 부과액을 포함한다[3])를 면제한다.
2. 전용면적 60㎡ 이하인 임대 목적의 공동주택 또는 오피스텔에 대해서는 재산세('지방세법' 제112조에 따른 부과액을 포함한다)의 100분의 50을 경감한다.
3. 전용면적 85㎡ 이하인 임대 목적의 공동주택 또는 오피스텔에 대해서는 재산세의 100분의 25를 경감한다.

---

앞의 내용을 조금 더 분석해보자.

첫째, 감면대상은 공동주택과 오피스텔이 해당한다.

이 규정에 의하면 단독주택(다중주택, 다가구주택 포함)을 임대한 경우에는 재산세 감면을 받을 수 없다.

둘째, 2세대 이상 임대를 해야 한다.

---

3) 도시지역분을 말한다.

따라서 1세대만 임대하면 감면을 적용하지 아니한다.

셋째, 면적에 따라 감면율이 다르다.
전용면적 $60m^2$ 이하인 경우 100분의 50%를 감면한다. $85m^2$ 이하는 25%를 감면한다.[4]

넷째, 감면시한이 있다.
앞에서 살펴본 취득세 감면처럼 재산세도 2021년 12월 31일까지 적용된다. 다만, 국회에서 이를 연장할 가능성이 높다.

### 2. 장기임대주택에 대한 재산세 감면규정('지특법' 제31조의 3)

현행 '지특법' 제31조의 3 제1항에서는 다음과 같이 재산세 감면요건을 두고 있다.

① '민간임대주택법' 제5호에 따른 장기일반민간임대주택을 임대하려는 자가 대통령령으로 정하는 바에 따라 국내에서 임대 목적의 공동주택 2세대 이상 또는 대통령령으로 정하는 다가구주택(모든 호수의 전용면적이 40㎡ 이하인 경우를 말한다)을 과세기준일 현재 임대 목적에 직접 사용하는 경우 또는 같은 법 제2조 제1호에 따른 준주택 중 오피스텔을 2세대 이상 과세기준일 현재 임대 목적에 직접 사용하는 경우에는 다음 각 호에서 정하는 바에 따라 2021년 12월 31일까지 지방세를 감면한다.

---

[4] 최소납부세액제도를 검토해야 한다.

1. 전용면적 40㎡ 이하인 임대 목적의 공동주택, 다가구주택 또는 오피스텔에 대해서는 재산세('지방세법' 제112조에 따른 부과액을 포함한다)를 면제한다.
2. 전용면적 40㎡ 초과 60㎡ 이하인 임대 목적의 공동주택 또는 오피스텔에 대하여는 재산세('지방세법' 제112조에 따른 부과액을 포함한다)의 100분의 75를 경감한다.
3. 전용면적 60㎡ 초과 85㎡ 이하인 임대 목적의 공동주택 또는 오피스텔에 대하여는 재산세의 100분의 50을 경감한다.

이 규정에 의한 재산세 감면은 앞의 일반규정과는 다소 차이가 나는 부분이 있다.

첫째, 장기민간임대주택으로 등록을 해야 한다.
앞의 일반규정은 단기나 장기를 불문하는데, 이 규정은 장기만으로 등록을 해야 한다.

둘째, 다가구주택이 포함된다.
앞의 일반규정은 공동주택과 오피스텔만을 대상으로 하나, 이 규정에 의하면 다가구주택도 포함한다. 다만, 이 다가구주택은 모든 호수의 전용면적이 $40㎡$ 이하에 해당되어야 한다는 조건이 추가된다. 한편 다가구주택(임대 목적으로 제공하는 부분만 해당)으로서 '건축법' 제38조에 따른 건축물대장에 호수별로 전용면적이 구분되어 기재되어 있는 다가구주택에 해당되어야 재산세 감면이 적용된다는 점에 유의해야 한다. 따라서 감면 전에 이 부분을 확인한 후 요건 미비 시 관할 지자체에 변경신고를 하도록 한다.

셋째, 감면율이 다르다.

앞의 경우에는 $60m^2$와 $80m^2$로 구분했지만, 이 규정은 $40m^2$를 추가하고 감면율을 달리 정하고 있다. 장기를 우대하고 있음을 알 수 있다.

### Tip 재산세 감면제도 요약

| 구분 | 전용 면적 | 시가 표준액 | 임대등록 지자체 | 임대등록 세무서 | 임대의무 기간 | 임대 호수 | 감면효과 |
|---|---|---|---|---|---|---|---|
| '지특법' 제31조 | $85m^2$ 이하 | - | ○ | × | 4년 또는 8년 | 2호 이상 | · $60m^2$ : 50%<br>· $85m^2$ : 25% |
| '지특법' 제31조의3 | $85m^2$ 이하 | - | ○ | × | 8년 | 2호 이상 등 | · $40m^2$ : 100%<br>· $60m^2$ : 75%<br>· $85m^2$ : 50% |

# 재산세를 감면받은 경우에는 몇 년간 임대해야 감면받은 재산세를 추징당하지 않는가?

종전에는 주택임대사업자가 보유한 주택에 대해 재산세 감면을 받은 경우에는 특별한 사후관리 요건이 없었다. 즉 등록 후 재산세 감면을 받고 임대의무기간 내에 이를 양도해도 재산세에 대한 감면추징이 없었다. 하지만 최근 이에 대한 감면추징제도가 신설되어 현재에 이르고 있으므로 이를 정리해보고자 한다.

재산세 감면추징 관련 규정은 현행 '지특법' 제31조 제4항에서 정하고 있다. 그런데 이 규정은 2018년 12월 24일에 신설된 후, 2020년 1월 15일에 한 차례 개정이 있었다. 따라서 이 두 개의 내용을 비교해볼 필요가 있다.

| 2018년 12월 24일 신설 | 2020년 1월 15일 개정 |
|---|---|
| ④ 제3항을 적용할 때 '민간임대주택법' 제6조에 따라 임대사업자 등록이 말소된 경우에는 그 감면 사유 소멸일부터 소급하여 5년 이내에 감면된 재산세를 추징한다. 다만, 같은 법 제43조 제1항에 따른 임대의무기간이 경과한 후 등록이 말소된 경우와 같은 조 제2항 또는 제4항에 따른 사유(임대사업자 간의 매각은 추징제외 사유로 보지 아니한다)로 사업자 등록이 말소된 경우에는 추징에서 제외한다(2018. 12. 24 신설). | ④ 제3항을 적용할 때 '민간임대주택법' 제6조에 따라 임대사업자 등록이 말소된 경우에는 그 감면 사유 소멸일부터 소급하여 5년 이내에 감면된 재산세를 추징한다. 다만, 다음 각 호의 어느 하나에 해당하는 경우에는 추징에서 제외한다(2020. 01. 15 개정).<br>1. '민간임대주택법' 제43조 제1항에 따른 임대의무기간이 경과한 후 등록이 말소된 경우(2020. 01. 15 개정)<br>2. 그 밖에 대통령령으로 정하는 경우(2020. 01. 15 개정)[5] |

앞의 개정규정에 맞춰 재산세 감면추징과 관련된 내용을 정리해보자.

첫째, 원칙적으로 임대의무기간 내에 말소가 된 경우에는 5년 이내의 감면분을 추징한다.

'민간임대주택법' 제6조에 따라 임대사업자 등록이 말소된 경우[6]에는 그 감면 사유 소멸일부터 소급해 5년 이내에 감면된 재산세를 추징한다. 따라서 장기로 등록한 경우라도 재산세는 최장 5년 내의 감면분만 추징한다.

둘째, 다음과 같은 사유에 의한 경우에는 감면된 재산세를 추징

---

5) ④ 법 제31조 제4항 제2호에서 "대통령령으로 정하는 경우"란 '민간임대주택법' 제43조 제4항의 사유로 임대사업자 등록이 말소된 경우를 말한다(2020. 01. 15 신설).
6) 제10장을 참조하기 바란다.

하지 않는다.

① '민간임대주택법' 제43조 제1항에 따른 임대의무기간이 경과한 후 등록이 말소된 경우
② 그 밖에 대통령령으로 정하는 경우(2020. 01. 15 개정)[7]

임대의무기간이 경과했거나 부도 등 부득이한 사유로 말소가 되었기 때문이다.

셋째, 종전규정과 개정규정의 차이는 이렇다.
종전규정에 의하면 '민간임대주택법'의 제2항인 같은 임대사업자 간에 양도하는 경우에는 재산세를 추징하지 않았다. 하지만 개정규정에 의하면 임대의무기간 내에 부도 등 극히 예외적인 사유에 의해 말소된 경우만 재산세 추징을 제외하고, 나머지 사유에 의해서는 재산세 추징을 한다.

---

[7] ④ 법 제31조 제4항 제2호에서 "대통령령으로 정하는 경우"란 '민간임대주택법' 제43조 제4항의 사유(부도, 파산, 그 밖의 대통령령으로 정하는 경제적 사정 등으로 임대를 계속할 수 없는 경우 등)로 임대사업자 등록이 말소된 경우를 말한다.

# 제4장

## 주택임대업과 종부세 합산배제

# 주택을 보유하고 있으면 종부세는 어떻게 낼까?

주택을 보유하고 있으면 지방세인 재산세 외에 종부세가 부과된다. 종부세는 매년 6월 1일 소유권이 있는 납세의무자(개인과 법인)에게 12월에 부과된다. 그런데 이러한 종부세는 국세에 해당되어 지방세인 재산세와는 다른 특징을 보이고 있다. 종부세의 과세구조에 대해 알아보자.

### 1. 종부세 과세단위

앞에서 본 재산세는 대물과세로써 물건 자체에 대해서 부과된다. 따라서 한 개인이 주택을 여러 채 가지고 있더라도 합산해 과세되지 않는다. 마찬가지로 지분으로 보유하고 있어도 전체 세부담의 크기는 달라지지 않는다. 하지만 국세인 종부세는 대물과세가 아닌 인별 합산과세를 적용하다 보니 개인별로 주택 수가 많아지면 세금이 증가할 가능성이 높다.

| 재산세와 종부세의 비교 |

| 구분 | 재산세 | 종부세 |
|---|---|---|
| 과세방식 | 물건별 과세 | 인별 합산과세 |
| 세율 | 누진세율 | 누진세율 |
| 세부담 상한율 | 105~130% | 150~300% |

## 2. 종부세 과세방식

종부세 과세방식은 다른 세목에 비해 상당히 복잡하다. 본래 과세구조가 복잡한 탓도 있지만, 정부는 이 세목을 가지고 수요조절 등의 수단으로 삼고 있어 세법이 자주 변경되는 탓도 매우 크다. 따라서 종부세를 섭렵하고 싶다면 법조문을 정확히 해석하고 이를 실무에 적용할 수 있어야 한다. 일단 종부세 계산구조를 보자.

| 구분 | 금액 | 비고 |
|---|---|---|
| ① 과세물건 수 |  | 1주택자 추가공제, 세율, 세부담 상한율과 관련됨. |
| ② 공시가격 |  | 국토부에서 발표한 가격 |
| ③ 공제금액 | 6억 원 | 1인당 적용 |
| ④ 1세대 1주택자 추가공제 | 3억 원 | 1주택 공동명의 등은 적용불가 |
| ⑤ 공정시장가액비율 |  | 2020 : 90%, 2021 : 95%, 2022 : 100% |

| | | | |
|---|---|---|---|
| ⑥ 종부세 과세표준 | | | |
| ⑦ 세율 | | | 다음 참조 |
| ⑧ 종합부동산세액 | | | |
| ⑨ 공제할 재산세액 | | | 이중과세 방지 |
| ⑩ 산출세액(⑧-⑨) | | | |
| 세액 공제액 | ⑪ 고령자 | | 10~30%(2020년 안 : 20~40%) |
| | ⑫ 장기보유자 | | 20~50% |
| ⑬ 세부담 상한 초과세액 | | | 상한율 150~300% |
| ⑭ 결정세액(⑩-⑪-⑫-⑬) | | | 농특세(20%) 별도 |

종부세는 앞과 같은 방식으로 계산되는데, 상당히 복잡한 과정을 거쳐 도출된다. 이하에서는 중요 요소만 살펴보고, 기타 자세한 계산은 저자 등 세무전문가의 도움을 받는 것이 좋을 것으로 보인다.

첫째, 공시가격의 개인별 합산

종부세는 한 개인이 전국에 가지고 있는 모든 주택(별장은 제외)의 공시가격, 즉 기준시가를 합계해 과세되는 세목이다. 물론 합산배제되는 주택은 제외된다. 이러한 주택에는 임대주택 등이 있다.

둘째, 공제금액

개인별 공시가격 합산액이 6억 원이 넘는 경우 종부세가 과세될 수 있는데, 이때 다음에 해당하는 금액을 공제한다.

| 구분 | 공제금액 | 추가공제 |
|---|---|---|
| 1세대 1주택 단독명의 | 6억 원 | 3억 원 |
| 이외 | 6억 원 | - |

셋째, 공정시장가액비율

공정시장가액비율은 일종의 과세표준 현실화율을 말한다. (공시가격-공제금액 등)에 2020년 90%를 곱하면 과세표준이 계산된다. 이율은 2021년 95%, 2022년 100%가 된다.

넷째, 세율

주택에 대한 종부세율은 다음과 같이 되어 있다.

| 과세표준 | 2019년 | | | | 2020년 안 | | | |
| | 일반 | | 3주택 등* | | 일반 | | 3주택 등* | |
| | 세율 | 누진공제 | 세율 | 누진공제 | 세율 | 누진공제 | 세율 | 누진공제 |
|---|---|---|---|---|---|---|---|---|
| 3억 원 이하 | 0.5% | 0원 | 0.6% | 0원 | 0.6% | 생략 | 0.8% | 생략 |
| 3억 원 초과 6억 원 이하 | 0.7% | 600,000원 | 0.9% | 900,000원 | 0.8% | | 1.2% | |
| 6억 원 초과 12억 원 이하 | 1.0% | 2,400,000원 | 1.3% | 3,300,000원 | 1.2% | | 1.6% | |
| 12억 원 초과 50억 원 이하 | 1.4% | 7,200,000원 | 1.8% | 9,300,000원 | 1.6% | | 2.0% | |
| 50억 원 초과 94억 원 이하 | 2.0% | 37,200,000원 | 2.5% | 44,300,000원 | 2.2% | | 3.0% | |
| 94억 원 초과 | 2.7% | 103,000,000원 | 3.2% | 110,100,000원 | 3.0% | | 4.0% | |

* 3주택 등 : 3주택 이상 소유하거나 조정대상지역 내 2주택을 소유한 경우. 참고로 공동소유 주택인 경우 각자가 그 주택을 소유한 것으로 봐서 주택 수 계산 후 세율 적용. 다만, 상속을 통해 공동 소유한 주택은 과세기준일(매년 6월 1일) 현재 지분율이 20% 이하이고, 지분 상당 공시가격이 3억 원 이하인 경우에는 주택 수에서 제외해 세율 적용(1세대 1주택 판정 시는 주택 수에 포함).

다섯째, 세액공제액

1세대 1주택을 단독명의로 보유하고 있는 경우 다음과 같이 세액공제를 적용한다.

| 구분 | 공제율 | 비고 |
| --- | --- | --- |
| 고령자 세액공제 | 10~30% | 2020년 안 : 20~40% |
| 장기보유자 세액공제 | 20~50% | |
| 둘의 합계 한도 | 70% | 2020년 안 : 80% |

여섯째, 세부담 상한 초과액

종부세는 공시가격, 공제금액, 세율 등에 의해 산출세액이 도출된다. 그런데 이 중 공시가격을 급격히 올리면 산출세액이 기하급수적으로 증가할 수 있다. 그래서 세법은 이의 부담을 줄이기 위해 종부세 납부 한도액을 다음과 같이 정하고 있다.

| 구분 | 세부담 상한율 | 비고 |
| --- | --- | --- |
| 1주택 소유 | 150%(1.5배) | 개인별 소재 |
| 2주택(조정대상지역 소재) | 200%(2배) | 2020년 300%로 추진예정 |
| 3주택(전국 소재) | 300%(3배) | |

## 3. 종부세 계산사례(간편)

한 개인이 2주택을 보유한 경우로써 이의 기준시가의 합이 10억 원, 20억 원인 경우 대략적인 종부세액(앞 99페이지의 ⑧단계)이 얼마인지 알아보자. 다음 세율은 3주택자 등에 대한 것으로 괄호 안의 숫자는 누진공제액을 말한다.

(단위 : 원)

| 구분 | 10억 원 | 20억 원 | 비고 |
|---|---|---|---|
| ① 과세물건 수 | 2주택 | 2주택 | |
| ② 공시가격 | 1,000,000,000 | 2,000,000,000 | |
| ③ 공제금액 | 600,000,000 | 600,000,000 | |
| ④ 1세대 1주택자 추가공제 | - | - | 적용불가 |
| ⑤ 공정시장가액비율 | 90% | 90% | |
| ⑥ 종부세 과세표준 | 360,000,000 | 1,260,000,000 | |
| ⑦ 세율 | 0.9%(900,000) | 1.8%(9,300,000) | |
| ⑧ 종합부동산세액 | 2,340,000 | 13,380,000 | |

만일 앞의 주택이 1세대 1주택에 해당하는 경우라면 다음과 같이 종부세를 예상해볼 수 있다.

(단위 : 원)

| 구분 | 10억 원 | 20억 원 | 비고 |
|---|---|---|---|
| ① 과세물건 수 | 1주택 | 1주택 | 단독명의 |
| ② 공시가격 | 1,000,000,000 | 2,000,000,000 | |
| ③ 공제금액 | 600,000,000 | 600,000,000 | |
| ④ 1세대 1주택자 추가공제 | 300,000,000 | 300,000,000 | 적용 |
| ⑤ 공정시장가액비율 | 90% | 90% | |
| ⑥ 종부세 과세표준 | 90,000,000 | 990,000,000 | |
| ⑦ 세율 | 0.5% | 1.0%(2,400,000) | |
| ⑧ 종합부동산세액 | 450,000 | 7,500,000 | |

## 공시가격 인상과 세부담 상한율 3배의 위력은 얼마나 될까?

2019년 12월 17일, 정부는 고가주택을 대상으로 공시가격을 시세의 70~80%로 하는 안을 발표했다. 그렇다면 이러한 조치가 향후 세부담 상한율과 결합되면 세금이 얼마나 증가할 것인지 대략적으로 예상을 해보자.

〈자료〉

| 시세 | 현재 기준시가 | 목표 기준시가 | 비고 |
|---|---|---|---|
| 10~15억 원 | 50% | 70% | 1세대 3주택 등에 대한 세율 및 세부담 상한율 적용 |
| 15~30억 원 | 50% | 75% | |
| 30억 원 초과 | 50% | 80% | |

예를 들어 시가가 15억 원, 30억 원, 40억 원인 경우, 이들의 현재 기준시가가 시가의 50%로 고시되어 있다고 하자. 그리고 이들

의 목표 기준시가가 시가의 70~80%로 현실화된 경우 종부세 증가액을 계산해보자.

먼저 현재와 목표 기준시가를 계산해보자.

| 구분 | 시세 | 현재 기준시가 | 목표 기준시가 |
|---|---|---|---|
| ① | 15억 원 | 7.5억 원 | 10.5억 원(70%) |
| ② | 30억 원 | 15억 원 | 22.5억 원(75%) |
| ③ | 40억 원 | 20억 원 | 32억 원(80%) |

앞의 순서대로 종부세액을 계산해보자(세율란의 괄호 안의 숫자는 누진공제액).

### 1. 15억 원인 경우

| 구분 | 현재 | 목표 | 증가 |
|---|---|---|---|
| ① 과세물건 수 | 3주택 등 | 3주택 등 | |
| ② 공시가격 | 7.5억 원 | 10.5억 원 | |
| ③ 공제금액 | 6억 원 | 6억 원 | |
| ④ 1세대 1주택자 추가공제 | - | - | |
| ⑤ 공정시장가액비율 | 90% | 90% | |
| ⑥ 종부세 과세표준 | 1.35억 원 | 4.05억 원 | |
| ⑦ 세율 | 0.6% | 0.9%(90만 원) | |
| ⑧ 종합부동산세액 | 81만 원 | 274만 원 | 193만 원 |

## 2. 30억 원인 경우

| 구분 | 현재 | 목표 | 증가 |
|---|---|---|---|
| ① 과세물건 수 | 3주택 등 | 3주택 등 | |
| ② 공시가격 | 15억 원 | 22.5억 원 | |
| ③ 공제금액 | 6억 원 | 6억 원 | |
| ④ 1세대 1주택자 추가공제 | - | - | |
| ⑤ 공정시장가액비율 | 90% | 90% | |
| ⑥ 종부세 과세표준 | 8.1억 원 | 14.85억 원 | |
| ⑦ 세율 | 1.3%(330만 원) | 1.8%(930만 원) | |
| ⑧ 종합부동산세액 | 723만 원 | 1,743만 원 | 1,020만 원 |

## 3. 40억 원인 경우

| 구분 | 현재 | 목표 | 증가 |
|---|---|---|---|
| ① 과세물건 수 | 3주택 등 | 3주택 등 | |
| ② 공시가격 | 20억 원 | 32억 원 | |
| ③ 공제금액 | 6억 원 | 6억 원 | |
| ④ 1세대 1주택자 추가공제 | - | - | |
| ⑤ 공정시장가액비율 | 90% | 90% | |
| ⑥ 종부세 과세표준 | 12.6억 원 | 23.4억 원 | |
| ⑦ 세율 | 1.8%(930만 원) | 1.8%(930만 원) | |
| ⑧ 종합부동산세액 | 1,338만 원 | 3,282만 원 | 1,944만 원 |

참고로 기준시가가 급격하게 증가하면 종부세도 증가하는데, 세법은 세부담 상한율 300% 등을 두어 이의 증가폭을 제한하고 있다. 따라서 이론적으로 다음 해 3배까지도 증가할 수 있다.

## 종부세에서의 1세대 개념은 언제 사용할까?

알다시피 종부세는 개인별로 과세한다. 그런데 종부세에서도 1세대의 개념이 사용되고 있다. 그렇다면 이 개념은 언제 사용될까?

이는 다음과 같이 1세대에 주어지는 종부세의 혜택을 적용할 때에 사용된다.

첫째, 추가공제 3억 원을 적용할 때다.

원래 종부세는 개인별로 기준시가 합계액에서 6억 원을 공제한 나머지 금액에 대해 종부세를 과세한다. 그런데 1세대가 주택을 보유할 때에는 6억 원에 3억 원을 추가해 9억 원을 공제해준다. 다만, 1세대가 주택을 공동명의로 보유하고 있는 경우에는 3억 원을 공제하지 않는다. 이를 요약하면 다음과 같다.

| 구분 | 1세대 1주택 | | |
|---|---|---|---|
| | 단독명의 | 2인 공동명의 | 3인 공동명의 |
| 기본공제 | 6억 원 | 6억 원×2인=12억 원 | 6억 원×3인=18억 원 |
| 추가공제 | 3억 원 | - | - |
| 계 | 9억 원 | 12억 원 | 18억 원 |

둘째, 세액공제를 적용할 때다.

1세대가 1주택을 단독명의로 가지고 있는 경우에는 종부세 산출세액에 다음과 같이 세액공제를 적용한다.

| 구분 | 1세대 1주택 | | |
|---|---|---|---|
| | 단독명의 | 2인 공동명의 | 3인 공동명의 |
| 장기보유세액공제 | 10~30% | - | - |
| 고령자세액공제 | 20~50% | - | - |
| 한도 | 70% | - | - |

그렇다면 '종부세법'에서는 어떤 식으로 세대개념을 정의하고 있을까?

현행 '종부세법' 제2조 제8호에서는 "세대"라 함은 주택 또는 토지의 소유자 및 그 배우자와 그들과 생계를 같이하는 가족으로서 대통령령이 정하는 것을 말한다고 되어 있다. 그리고 대통령령에서 "세대"라 함은 주택 또는 토지의 소유자 및 그 배우자와 그들과 생계를 같이하는 가족으로서 대통령령이 정하는 것을 말한다고 되어 있다.

이러한 세대개념은 '소득세법'상의 것과 같으나, 다음과 같은 혼인이나 동거봉양의 경우에는 다음과 같이 각각 1세대로 보는 특례가 있다('종부세법 시행령' 제1조의 2).[1)]

- 혼인함으로써 1세대를 구성하는 경우에는 혼인한 날부터 5년 동안은 제1항에도 불구하고 주택 또는 토지를 소유하는 자와 그 혼인한 자별로 각각 1세대로 본다.
- 동거봉양(同居奉養)하기 위해 합가(合家)함으로써 과세기준일 현재 60세 이상의 직계존속(직계존속 중 어느 한 사람이 60세 미만인 경우를 포함한다)과 1세대를 구성하는 경우에는 제1항에도 불구하고 합가한 날부터 10년 동안 주택 또는 토지를 소유하는 자와 그 합가한 자별로 각각 1세대로 본다.

**Tip** 세목별 세대개념 적용 여부 비교

| 구분 | 취득세 | 종부세 | 임대소득세 | 양도세 |
|---|---|---|---|---|
| 세대개념 | 1세대 주택자 세율 정할 때 | 1세대 1주택 공제를 정할 때 | 정하고 있지 않음. | 비과세 중과세 등에 다양하게 사용함. |

---

1) 양도세나 지방세에서 정하는 세대개념이 다름에 유의해야 한다.

# 주택 수가 1채인 경우 어떤 혜택이 있을까?

주택 수가 1채인 경우에는 주로 실거주의 목적으로 주택을 보유한 경우가 많다. 따라서 이러한 상황에서는 종부세를 올려서 징수하는 것은 문제가 있다. 그렇다면 현행 세법은 어떤 식으로 이에 대해 정하고 있을까?

### 1. 1세대 1주택을 단독명의로 보유하고 있는 경우

1세대가 1주택을 보유하고 있는데, 그 주택을 세대원 중 한 사람의 명의로 보유하고 있다고 하자. 이 경우 어떤 혜택이 있는지 나열하면 다음과 같다.

· 기본공제 외에 추가로 3억 원을 공제받을 수 있다.

· 일반세율이 적용된다.
· 장기보유 및 고령자에 대한 세액공제를 받을 수 있다.
· 세부담 상한율이 150%가 적용된다.

### 2. 1세대 1주택을 공동명의로 보유하고 있는 경우

1세대 1주택이나 이를 공동으로 보유한 경우에는 앞의 내용이 다음처럼 바뀐다.

| 구분 | 단독명의 | 공동명의 |
| --- | --- | --- |
| 추가공제 | 3억 원 | 미적용 |
| 일반세율 | 적용 | 적용 |
| 장기보유 및 고령자세액공제 | 적용 | 미적용 |
| 세부담 상한율 | 150% | 좌동 |

### 3. 실익분석

1주택을 단독명의로 보유하는 것과 공동명의로 보유한 것 중에서 어떤 것이 종부세가 줄어드는지는 주택의 공시가격이나 나이, 보유기간 등에 따라 결론이 다를 수 있다. 따라서 실무에서는 좀 더 정교하게 분석하는 것이 좋을 것으로 보인다.

## Tip 지분으로 주택을 보유하고 있는 경우

공동명의로 보유한 주택에 대해 '종부세법 시행령' 제4조의 2 제3항에서는 다음과 같이 정하고 있다.

③ 법 제9조 제1항에 따라 주택분 종부세액을 계산할 때 적용해야 하는 주택 수는 다음 각 호에 따라 계산한다(2019. 02. 12 신설).
1. 1주택을 여러 사람이 공동으로 소유한 경우 공동 소유자 각자가 그 주택을 소유한 것으로 본다. 다만, 상속을 통해 공동 소유한 주택은 과세기준일 현재 다음 각 목의 요건을 모두 갖춘 경우에만 주택 수에서 제외한다.
   가. 주택에 대한 소유 지분율이 20퍼센트 이하일 것
   나. 소유 지분율에 상당하는 공시가격이 3억 원 이하일 것
2. '건축법 시행령' 별표 1 제1호 다목에 따른 다가구주택은 1주택으로 본다.
3. 제3조 제1항 각 호 및 제4조 제1항 각 호에 해당하는 주택은 주택 수에 포함하지 않는다.[2]

---

2) 합산배제되는 임대주택 등을 말한다.

# 주택 수가 많으면 어떤 불이익을 받을까?

　주택 수가 1세대 1주택 이하인 경우에는 종부세의 부담이 생각보다 미미할 수 있다. 물론 고령자가 아니거나 보유한 기간이 짧은 경우에는 고가주택에 해당하면 종부세 부담이 생각보다 클 수 있다. 따라서 이러한 분들은 미리 자금부담을 해놓는 등의 대책을 마련해둘 필요가 있다.
　그렇다면 1세대 2주택 이상 또는 개인이 2주택 이상을 보유하고 있으면 어떤 문제점이 있을까?

### 1. 1세대 2주택인 경우

　종부세는 개인별로 과세가 되기 때문에 한 세대가 다주택을 보유하고 있는 경우에는 주택을 누가 가지고 있는지가 중요하다.

① 세대원이 각각 1채씩을 보유한 경우 : 1인당 기본공제 6억 원씩을 받을 수 있다. 따라서 1세대 기준 총 12억 원 이상의 공제가 가능하다.
② 한 세대원이 모두 2주택 이상을 보유하고 있는 경우 : 이 경우에는 1인당 6억 원밖에 공제되지 않으므로 1세대 기준 총 6억 원밖에 공제되지 않는다. 한편 2주택이 조정대상지역 내에 소재한 경우에는 세부담 증가폭을 억제하는 세부담 상한율이 150%에서 200%(2020년의 경우 300%로 인상예정)로 올라가는 불이익이 뒤따른다. 예를 들어 작년에 낸 종부세가 1천만 원이고, 세부담 상한율이 200%라면 올해 낼 종부세는 대략 2천만 원 내까지 가능하다는 것이다.

| 2주택을 1인이 소유하는 경우와 분산해 소유하는 경우의 종부세 과세방식 비교 |

| 구분 | 1인 2채 소유 | 1인이 1채씩 소유 | |
|---|---|---|---|
| | | 1인 | 1인 |
| 기본공제 | 6억 원 | 좌동 | 좌동 |
| 추가공제 | - | - | - |
| 세율 | 추가세율 적용 가능 | 일반세율 | 좌동 |
| 세액공제 | 없음. | 좌동 | 좌동 |
| 세부담 상한율 | 150% 또는 200%(조정대상지역) | 150% | 좌동 |

## 2. 개인이 3주택 이상을 보유하고 있는 경우

개인이 3주택 이상을 보유하고 있으면 다음과 같은 불이익이 예상된다.

- 종부세에서 공제되는 금액이 6억 원에 불과하다.
- 세율은 추가세율이 적용된다.
- 세부담 상한율이 300%까지 적용된다. 이 경우 3주택은 전국에 있는 모든 주택 수를 더한다. 앞의 2주택이 조정대상지역만을 대상으로 하는 것과 차이가 있다.

**Tip** 개인이 보유한 주택 수별 종부세 과세방식

| 구분 | 1주택 | 2주택 | 3주택 |
| --- | --- | --- | --- |
| 추가공제 | 가능(1세대에 한함) | 불가 | 불가 |
| 세율 | 일반세율 | 일반세율 또는 추가세율 | 추가세율 |
| 세액공제 | 가능(1세대에 한함) | 불가 | 불가 |
| 세부담 상한율 | 150% | 150% 또는 200%(300% 안) | 300% |

# 종부세 합산과세에서 배제되는 주택들에는 어떤 것들이 있는가?

종부세는 인별로 주택의 공시가격을 합산해 과세하는 세목에 해당한다. 따라서 주택 수가 많으면 세금도 누진적으로 증가되므로 다주택을 보유한 층은 상당히 곤혹스러운 상황에 부딪칠 수 있다. 이에 세법은 임대주택 중 일정한 사유에 해당하는 주택들에 대해서는 합산배제를 해주는 특례를 부여하고 있다. 임대주택과 관련된 합산배제의 내용을 정리해보자.[3]

### 1. 종부세 합산배제되는 주택

종부세는 개인별로 합산해 과세하므로 전국의 모든 주택들의 기준시가를 합산해 과세하는 방식을 취하고 있다. 따라서 종부세가

---

[3] 주택임대사업자에 대한 종부세 합산배제는 양도세 중과세 제외규정과 거의 동일하게 움직인다. 따라서 여기서 공부를 열심히 해두면 양도세에서 이해가 손쉽게 된다.

과세되지 않기 위해서는 세법에서 정하고 있는 합산배제 주택에 해당되어야 한다.

## 2. 종부세 합산배제되는 주택의 범위

이에 대해 '종부세법' 제8조에서 다음과 같이 정하고 있다.

② 다음 각 호의 어느 하나에 해당하는 주택은 제1항의 규정에 의한 과세표준 합산의 대상이 되는 주택의 범위에 포함되지 아니하는 것으로 본다(2005. 12. 31 신설).
1. '민간임대주택법'에 따른 민간임대주택, '공공주택 특별법'에 따른 공공임대주택 또는 대통령령이 정하는 다가구 임대주택으로서 임대기간, 주택의 수, 가격, 규모 등을 감안하여 대통령령이 정하는 주택
2. 제1호의 주택 외에 종업원의 주거에 제공하기 위한 기숙사 및 사원용 주택, 주택건설사업자가 건축하여 소유하고 있는 미분양주택, 가정어린이집용 주택, '수도권정비계획법' 제2조 제1호에 따른 수도권 외 지역에 소재하는 1주택 등 종부세를 부과하는 목적에 적합하지 아니한 것으로서 대통령령이 정하는 주택
③ 제2항의 규정에 따른 주택을 보유한 납세의무자는 당해 연도 9월 16일부터 9월 30일까지 대통령령이 정하는 바에 따라 납세지관할세무서장에게 당해 주택의 보유현황을 신고해야 한다.

앞의 규정, 제2항 제1호를 보면 민간임대주택 등에 대해 임대기간, 주택의 수, 가격, 규모 등을 감안해 대통령령으로 합산배제되는 주택을 정하도록 하고 있다.[4] 따라서 '종부세법 시행령' 제3조를

---

[4] 정부가 수시로 부동산 대책을 발표하면서 종부세를 손질할 수 있는 이유는 바로 법에 의해 위임받은 결과 때문이다.

정확히 이해할 수 있어야 한다. 그런데 이 시행령 제3조는 9개의 항으로 되어 있으며, 그 내용 또한 상당히 복잡하다. 따라서 전체적인 흐름을 먼저 보고 자세한 내용들은 순차적으로 알아보고자 한다.[5]

### 첫째, 2018년 3월 31일 이전에 등록한 주택

2018년 3월 31일 이전에 등록한 주택들은 5년 이상 임대를 하면 종부세 합산과세 배제를 적용받을 수 있다. 기타 자세한 요건들을 정리하면 다음과 같다.

| 요건 | 건설임대주택 | 일반매입임대주택 |
|---|---|---|
| 임대등록(지자체) | 필요함. | 좌동 |
| 사업자등록(세무서) | 필요함. | 좌동 |
| 주택 수 | 2호 이상 | 1호 이상 |
| 면적 | 149㎡ 이하 | 없음. |
| 기준시가 | 6억 원 이하 | 6억 원 이하(지방은 3억 원 이하) |
| 임대의무기간 | 5년 이상 | 좌동 |
| 임대료 5% 증액제한 | 적용(2019. 2. 12 이후 계약체결 또는 갱신분) | 좌동 |
| 합산배제신청 | 9월 16~30일 | 좌동 |

앞에서 기준시가 요건이 특히 중요하다.

현행 '종부세법 시행령' 제3조 제1호의 건설임대주택은 전국적으로 6억 원 이하를, 제2호의 매입임대주택은 수도권은 6억 원 이

---

[5] 이 내용은 주택에 대한 양도세 중과세에서 제외되는 내용과 동일하다. 따라서 여기서 이 내용을 정확히 정리해두는 것이 좋다.

하·지방은 3억 원 이하의 요건을 적용하고 있다. 한편 이러한 기준시가는 해당 주택의 임대개시일 또는 최초로 합산배제신고를 한 연도의 과세기준일의 공시가격을 기준으로 하고 있다.

### 둘째, 2018년 4월 1일 이후에 등록한 주택

2018년 4월 1일 이후에 등록한 주택의 경우는 합산배제 요건이 대부분 같으나, 임대의무기간 요건만 차이가 있다. 이날 이후에 임대등록한 경우 임대의무기간이 5년에서 8년으로 늘어났기 때문이다.

### 셋째, 2018년 9월 13일 이후에 조정대상지역에서 취득한 주택

정부는 '주택법'에서 정하고 있는 조정대상지역[6] 내에서 주택을 취득해 등록한 경우에는 종부세 합산배제를 적용하지 않는다. 다만, 이는 2018년 9월 14일 이후에 취득한 주택에 한한다. 이때 조정대상지역의 공고가 있은 날 이전에 주택(주택을 취득할 수 있는 권리를 포함한다)을 취득하거나 주택을 취득하기 위해 매매계약을 체결하고 계약금을 지급한 사실이 증빙서류에 의해 확인되는 경우는 제외한다. 따라서 이 경우에는 합산배제를 적용받을 수 있다. 참고로 조정대상지역에서 해제가 된 경우에는 합산배제를 신청하면, 종부세 과세에서 제외될 수 있을 것으로 보인다(자세한 사항은 저자의 카페(https://cafe.naver.com/shintaxpia)에 문의하길 바란다).

---

[6] '대한민국 전자관보' 홈페이지에서 조정대상지역 등에 대한 지정현황 등을 조회할 수 있다.

## 07 주택을 매입해 임대하는 경우와 건설해 임대한 경우, 종부세 과세에서 어떤 차이점이 있을까?

2018년 9월 13일, 정부의 9·13 대책을 분기점으로 해서 세제정책이 급변했다. 알다시피 서울 등 수도권을 중심으로 지정되어 있는 조정대상지역의 경우, 이날 이전은 주택임대업 우대, 그 이후는 우대중단의 흐름이 있었다. 하지만 건설임대주택은 여전히 종전과 같은 우대를 받고 있다. 건설임대주택은 규제가 아닌 장려의 대상이 될 수 있기 때문이다. 매입임대주택과 건설임대주택의 종부세 과세내용을 정리해보자.

### 1. 매입임대주택

시중에 나와 있는 주택을 매입해 이를 임대등록한 경우에는 다음과 같은 요건을 충족하면 종부세 과세분에 합산하지 않는다.

## 1) 2018년 4월 1일 이전 등록분

| '민간임대주택법'상의 임대유형 | 세법상의 요건 | |
|---|---|---|
| | 기준시가 | 임대의무기간 |
| 단기임대 또는 장기임대 | 6억 원(수도권 밖은 3억 원) 이하 | 5년 |

이 경우에는 기준시가가 6억 원(수도권 밖은 3억 원) 이하이면 기본적인 요건을 충족한다. 이때 임대유형은 단기 또는 장기를 불문한다. 따라서 다음과 같은 논리가 성립한다.

| 구분 | '민간임대주택법'상 임대의무기간 | '종부세법'상 의무임대의무기간 | 5년 후 양도 시 |
|---|---|---|---|
| 단기임대의 경우 | 4년 | 5년 | 과태료 및 세금추징 없음. |
| 장기임대의 경우 | 8년 | 5년 | 8년 내 양도 시 과태료 있음. 그러나 세금추징은 없음. |

## 2) 2018년 4월 1일 이후 등록분

2018년 4월 1일 이후 등록한 경우에 임대의무기간은 8년이 필요하다. 따라서 이때에는 장기로 임대한 경우에만 종부세 합산배제를 받을 수 있다.

### ① 2018년 9월 13일 이전 취득분

| '민간임대주택법'상의 임대유형 | 세법상의 요건 | | |
|---|---|---|---|
| | 기준시가 | 임대의무기간 | 지역요건 |
| 장기임대 | 6억 원 (수도권 밖은 3억 원) 이하 | 8년 | 없음. |

2018년 4월 1일 이후에 등록한 경우에는 8년 이상을 의무적으로 임대하면 된다.

### ② 2018년 9월 14일 이후 취득분

| '민간임대주택법'상의 임대유형 | 세법상의 요건 | | |
|---|---|---|---|
| | 기준시가 | 임대의무기간 | 지역요건 |
| 장기임대 | 6억 원 (수도권 밖은 3억 원) 이하 | 8년 | 조정대상지역 밖 |

2018년 9월 14일 이후에는 9·13조치가 적용된다. 따라서 조정대상지역 내에서 신규취득하고 등록하면 종부세를 무조건 과세한다. 하지만 조정대상지역 밖의 경우에는 기준시가가 6억 원·3억 원 이하이고, 8년 이상 장기로 임대등록하면 종부세 합산배제를 적용한다.

## 2. 건설임대주택

주택을 자가건설해서 이를 임대한 경우를 말한다. 이러한 건설임대주택은 취득시기를 불문하고 요건만 갖추면, 지역과 무관하게 종부세 합산배제를 적용받을 수 있다.

### 1) 2018년 4월 1일 이전 등록분

| '민간임대주택법'상의 임대유형 | 세법상의 요건 | | | |
|---|---|---|---|---|
| | 주택 수 | 주택면적 규모 | 기준시가 | 임대의무기간 |
| 단기임대 또는 장기임대 | 2세대 이상 | 149㎡ 이하 | 6억 원 | 5년 |

건설임대주택은 앞의 매입임대주택과는 달리 주택 수 및 주택면적 요건이 추가된다. 이외 기준시가 요건도 전국적으로 6억 원으로 통일되어 있다. 나머지 요건인 임대의무기간은 매입임대주택과 동일하다.

### 2) 2018년 4월 1일 이후 등록분

| '민간임대주택법'상의 임대유형 | 세법상의 요건 | | | |
|---|---|---|---|---|
| | 주택 수 | 주택면적 규모 | 기준시가 | 임대의무기간 |
| 장기임대 | 2세대 이상 | 149㎡ 이하 | 6억 원 | 8년 |

2018년 4월 1일 이후에 등록한 경우에는 매입임대주택과는 달리 지역요건이 적용되지 않는다. 따라서 주택 수 및 면적, 기준시가 등 기본적인 요건에다 8년 이상 임대를 하면 종부세 합산배제를 적용받을 수 있다.

참고로 앞의 건설임대주택은 '민간임대주택법' 제2조 제2호에서 "임대를 목적으로 건설하여 임대하는 주택"을 말한다. 실무적으로 보존등기일 이전에 등록한 주택이 이에 해당한다. 따라서 보존등기 후에 임대등록을 하면 이는 매입임대주택에 해당될 수 있음에 유의해야 한다. 이러한 관점에서 보면 주택신축판매사업자가 미분양주택을 임대주택으로 전환하는 경우에도 건설임대주택이 아닌 일반임대주택에 해당한다고 할 수 있다.

## Tip 종부세 합산배제되는 임대주택 요약

① 매입임대주택

| 구분 | 임대유형 | 임대호수 | 전용면적 | 기준시가 | 임대의무기간 |
|---|---|---|---|---|---|
| 2018. 3. 31 이전 등록 | 단기 또는 장기 | – | – | 6·3억 원 | 5년 |
| 2018. 4. 1 이후 등록 | 장기 | – | – | 상동 | 8년 |
| 2018. 9. 14 이후 조정대상지역 취득 후 등록 | – (합산배제 불가) | – | – | – | – |

② 건설임대주택

| 구분 | 임대유형 | 임대호수 | 전용면적 | 기준시가 | 임대의무기간 |
|---|---|---|---|---|---|
| 2018. 3. 31 이전 등록 | 단기 또는 장기 | 2호 | 149㎡ | 6억 원 | 5년 |
| 2018. 4. 1 이후 등록 | 장기 | 2호 | 149㎡ | 6억 원 | 8년 |
| 2018. 9. 14 이후 조정대상지역 취득 후 등록 | 장기 | 2호 | 149㎡ | 6억 원 | 8년 |

# 2018년 9월 14일 이후에 신규로 취득한 주택들은 등록해도 종부세를 낸다고 한다. 어느 주택들이 이의 규정을 적용받는가?

2018년 9월 13일, 정부의 제2차 부동산 종합대책에 따라 신규사업자들에 대한 종부세 합산배제 제외, 양도세 중과세 적용 등이 발표되었다. 그렇다면 종부세와 관련해서 어떤 조항에 이 부분이 반영되었는지 알아보자.

**1. 임대주택에 대한 종부세 합산배제 제외**

9·13 부동산 대책에서 발표된 종부세 관련 내용은 '종부세법 시행령' 제3조 제8호에 반영되었다. 다음의 조문 중 단서내용이 이에 해당한다.

8. 매입임대주택 중 장기임대주택으로서 다음 각 목의 요건을 모두 갖춘 주택. 다만, 1세대가 국내에 1주택 이상을 보유한 상태에서 새로이 취득한 조정대상지역에 있는 '민간임대주택법' 제2조 제5호에 따른 장기임대주택[조정대상지역의 공고가 있은 날 이전에 주택(주택을 취득할 수 있는 권리를 포함한다)을 취득하거나 주택을 취득하기 위하여 매매계약을 체결하고 계약금을 지급한 사실이 증빙서류에 의하여 확인되는 경우는 제외한다]은 제외한다(2018. 10. 23 단서신설).

앞의 단서 내용을 위주로 좀 더 알아보자.

첫째, 매입임대주택만 규제대상에 포함되었다.

따라서 건설임대주택은 종전의 규정이 적용된다. 건설임대주택은 신축을 통한 임대이므로 일반매입임대주택처럼 규제할 이유가 없기 때문이다.[7]

둘째, 1세대가 국내에서 1주택 이상을 보유한 상태에서 주택을 취득해야 한다.

1세대가 1주택 이상을 보유한 상태에서 주택을 취득해야 하므로 무주택 상태에서 주택을 취득하면 이러한 규정이 적용되지 않는다.

셋째, 신규로 취득한 주택은 조정대상지역에 소재해야 한다.

9·13조치는 조정대상지역의 주택을 겨냥한 제도에 해당한다. 따라서 신규로 취득한 주택은 조정대상지역에 소재하고 있어야 한다.

---

7) 건설임대주택이란 임대목적으로 신축해 임대하는 주택을 말한다.

넷째, 이 조치가 발표되기 전에 계약한 주택 등은 제외한다.

조정대상지역의 공고가 있은 날 이전에 주택(주택을 취득할 수 있는 권리, 즉 입주권과 분양권을 포함한다)을 취득하거나 주택을 취득하기 위해 매매계약을 체결하고 계약금을 지급한 사실이 증빙서류에 의해 확인되는 경우는 제외한다.

## 2. 9·13조치를 적용받지 않는 주택들

9·13조치를 적용받지 않는 주택들에는 다음과 같은 것들이 있다.

- 2018년 9월 13일 이전에 취득한 매입임대주택
- 2018년 9월 14일 이후에 비조정대상지역에서 취득한 매입임대주택
- 건설임대주택(취득시기 불문)
- 법인이 취득한 주택(취득시기 불문)

### Tip 종부세 고지서에서 중점적으로 봐야 할 것들

실무적으로 앞의 9·13조치를 적용받지 않는 부분이 종부세 고지서에 반영되었는지 점검이 필요하다. 사람이 하는 일이라 잘못 고지될 수도 있다(자세한 사항은 저자의 카페로 문의하기 바란다).

# 임대가 일시 중단되면 종부세 합산배제에 영향을 미치는가?

주택임대사업자가 각종 세제혜택을 받기 위해서는 기본적으로 법에서 정한 기간을 의무적으로 임대해야 한다. 하지만 임대 중에 피치 못할 사유에 의해 임대가 중단될 수가 있다. 이 경우 각종 세제혜택에 어떤 영향을 줄까? '종부세법'상의 내용을 먼저 확인해보고 다른 세목은 간략하게 정리하도록 하자.

## 1. '종부세법'상의 임대의무기간

'종부세법 시행령' 제3조에서는 다음과 같이 임대의무기간을 정하고 있다.

· 5년(8년) 이상 계속하여 임대하는 것일 것

우선 여기서 몇 가지 쟁점만 정리해보고 후속논의를 이어가자.

첫째, 5년(8년) 이상의 의미는 무엇일까?

세법에서 정한 임대개시시점부터 종료일까지의 임대기간이 5년(2018년 4월 1일 전 등록) 또는 8년(2018년 4월 1일 이후 등록) 이상이 되어야 한다는 것이다. 참고로 세법에서 정한 임대의무기간을 넘어간 경우에도 임대업을 유지하는 한 종부세 합산배제를 받을 수 있다.

둘째, 계속이라는 의미는 무엇일까?

임대등록 후 임대용으로만 사용하라는 의미다. 따라서 임대 중에 본인이 거주하는 경우 등은 요건을 위배하는 것에 해당한다. 참고로 임대 중에 상속이나 재건축 또는 재개발 등이 발생하거나 공실이 발생하는 경우에는 임대를 '계속'하는 것으로 봐주나, 사유에 따라서는 기간의 범위제한 등이 있음에 유의해야 한다. 이에 대해서는 다음에서 별도로 살펴본다.

셋째, 임대 중 임대가 중단되면 세법에 어떤 영향을 줄까?

자발적 사유에 의한 경우에는 종부세가 추징되나 비자발적 사유는 가급적 종부세를 추징하지 않는다. 이러한 태도는 국세의 전 부분에 통용되고 있다.

## 2. 중단사유별 세법의 태도 정리

임대 중에 부득이한 사유 등에 의해 임대를 중단하는 경우가 있다. 이에 대해 '종부세법'은 어떤 식으로 이를 취급하는지 정리해보자.

### ① 공실이 있는 경우

기존 임차인의 퇴거일부터 다음 임차인의 입주일까지의 기간이 2년 이내인 경우에는 계속 임대하는 것으로 본다. 상당히 중요한 규정이다. 임대차계약은 시장 상황에 따라 성사 여부가 달라지는데, 공실을 인정하지 않으면 혼란이 발생하기 때문이다. 그런데 이러한 공실기간이 어떤 경우에는 3개월, 6개월 등으로 달라진다는 점에 주의해야 한다.[8]

### ② 상속이 발생한 경우

주택임대사업자가 사망해 상속이 발생하면 상속인이 상속을 받은 후 계속 임대사업을 영위할 수 있다. 이처럼 피상속인의 합산배제 임대주택을 취득해 계속 임대하는 경우에는 당해 피상속인의 임대기간을 상속인의 임대기간에 합산한다. 따라서 상속으로 받은 임대주택은 남아 있는 임대기간만 채우면 각종 세제혜택을 받을 수 있다.[9]

---

[8] 각 세목별 규정을 정교하게 분석해야 한다.
[9] 상속이 발생하면 잔여 임대의무기간만 채우면 대부분의 세제혜택을 그대로 누릴 수 있다.

### ③ 협의매수나 수용, 천재지변 등이 있는 경우

임대의무기간 동안 계속 임대한 것으로 본다.

### ④ 건설임대주택의 경우

사용검사필증을 받은 날부터 임대의무기간 종료일까지의 기간(해당 주택을 보유한 기간에 한정한다) 동안은 계속 임대하는 것으로 본다.

### ⑤ 주택재건축·재개발사업의 경우

당초의 합산배제 임대주택이 멸실되어 새로운 주택을 취득하게 된 경우로서 관련 서류를 제출한 경우에는 주택재건축·재개발사업으로 멸실된 주택의 임대기간과 새로이 취득한 주택의 임대기간을 합산한다. 이 경우 주택재건축·재개발사업으로 새로이 취득한 주택의 준공일부터 6개월 이내에 임대를 개시해야 한다.[10]

---

10) 제7항 제7호에 따라 주택재건축·재개발사업으로 새로이 취득하게 될 주택의 임대기간과 멸실된 주택의 임대기간의 합산을 받으려는 자는 주택재건축·재개발사업으로 주택이 멸실된 후에 최초로 도래하는 과세기준일이 속하는 과세연도의 법 제8조 제3항에 따른 기간에 기획재정부령으로 정하는 서류를 관할세무서장에게 제출해야 한다(2018. 02. 13 신설).

## 종부세 합산과세 배제를 위한 임대의무기간 종료 후에도 임대료를 5% 이상 올릴 수 없는가?

앞에서 본 임대료 상한 5% 룰 준수는 임대사업자가 반드시 지켜야 할 아주 중요한 규정에 해당한다. 이를 어기면 과태료는 물론이고, 각종 세제혜택이 상실되기 때문이다. 특히 5% 룰 준수는 모든 국세 감면에 직접적인 요건에 해당되어 이를 조금이라도 어기면 감면이 박탈되기 때문에 해당자들은 매우 조심히 다룰 필요가 있다. 이하에서 알아보자.

먼저 우리가 흔히 볼 수 있는 민간매입임대주택에 대한 종부세 합산과세 배제규정을 자세히 보면 다음과 같이 되어 있다. 즉 다음 규정은 2018년 3월 31일까지 등록한 임대주택에 대한 종부세 합산배제 요건을 명시하고 있다.

**〈종부세법 시행령〉 제3조 제1항〉**

제1호. '민간임대주택법' 제2조 제3호에 따른 민간매입임대주택 등으로서 다음 각 목의 요건을 모두 갖춘 주택

가. 해당 주택의 임대개시일 또는 최초로 제8항에 따른 합산배제신고를 한 연도의 과세기준일의 공시가격이 6억 원['수도권정비계획법' 제2조 제1호에 따른 수도권 밖의 지역인 경우에는 3억 원] 이하일 것

나. 5년 이상 계속하여 임대하는 것일 것

다. 임대보증금 또는 임대료의 증가율이 100분의 5를 초과하지 않을 것(2019. 02. 12 신설)

그런데 앞의 내용 중 다목의 경우가 생소할 수 있다. 임대료 증가율에 대한 상한 룰이 2019년 2월 12일에 신설되었기 때문이다. 그렇다면 이는 무엇을 의미하고, 쟁점이 무엇인지를 정리해보자.

첫째, 주택임대사업자들이 종부세 합산배제를 받기 위해서는 반드시 임대보증금 또는 임대료를 5% 내에서 인상해야 한다.[11]

둘째, 적용시점은 2019년 2월 12일 이후 임대차계약을 갱신하거나 새롭게 체결하는 분부터 적용한다.

이날 전에는 '종부세법'이나 '소득세법'상에서는 5% 룰을 감면요건으로 사용하지 않았다('조특법'에서는 감면요건으로 하고 있었음). 하지만 이날 이후 임대차계약을 갱신하거나 신규로 체결한 것들은

---

11) 계산방법은 국토부에서 운영하고 있는 렌트홈 홈페이지를 방문하면 쉽게 알 수 있다.

이 룰을 감면요건으로 하고 있음에 유의해야 한다. 따라서 이를 위배하면 '민간임대주택법'상의 과태료와 종부세, 소득세 등과 관련된 감면을 받을 수 없게 된다.

셋째, 이 룰이 적용되는 기간은 임대의무기간만이다. 따라서 이 임대의무기간이 끝난 후에는 이 룰을 지키지 않아도 된다. 하지만 '민간임대주택법'에서는 임대의무기간이 끝난 후에도 이를 지키도록 최근 법이 개정되었다. 따라서 주택임대업을 폐지하기 전까지는 5% 룰을 지키는 것이 안전한 방법이 될 것으로 보인다.

## Tip 임대의무기간이 끝난 후에 임대업을 폐업하면 어떻게 될까?

임대의무기간이 끝나면 대부분 처분을 하고 폐업하는 것이 일반적이다. 하지만 어떤 경우에는 임대주택을 거주주택으로 전환을 하거나, 또는 임대업을 폐업해 보유만 하고 있을 수도 있다. 이렇게 되면 임대주택의 기능이 없어지므로 세제혜택도 중단되는 것이 원칙이다. 다만, 어떤 경우에는 효력이 계속 이어지는 경우도 있다. 이를 요약하면 다음과 같다.

| 구분 | 임대의무기간 종료 후 임대를 하지 않는 경우의 예상되는 불이익 |
| --- | --- |
| 취득세 감면 | × |
| 재산세 감면 | × |
| 종합소득세 감면 | ○(더 이상 감면하지 않음) |
| 건강보험료 감면 | 상동 |
| 1주택 거주요건 적용배제 | × |
| 임대사업자의 거주주택 양도세 비과세 | × (단, 폐업 후 거주주택 양도 시 비과세 제외)[12] |
| 양도세 중과세 배제 및 종부세 합산배제 | × (종부세 합산배제는 ○) |
| '조특법'상 양도세 장기보유특별공제 추가 10% | × |
| '조특법'상 양도세 장기보유특별공제 50~70% | × |
| '조특법'상 양도세 100% 감면 | ○(임대한 기간에 발생한 소득만 감면) |

[12] 거주주택 양도세 비과세는 임대주택을 임대하고 있는 중에 양도해야 받을 수 있음에 유의해야 한다.

| 심층분석 | 종부세 관련 Q&A

종부세 과세와 관련해 궁금한 점을 Q&A로 알아보자.

**Q. 종부세가 개인별로 합산과세되는 이유는?**

A. 종부세는 헌법재판소의 위헌결정에 따라 세대가 아닌 개인단위로 과세한다. 따라서 부부 등이 명의를 분산하면 세금이 줄어들 가능성이 높다.

**Q. 종부세 계산 시 주택 수 산정은 어떻게 할까?**

A. 추가공제 3억 원, 고령자세액공제 등을 적용할 때에는 1세대별로 1주택을 보유하고 있어야 한다. 따라서 이때에는 1세대가 중요하다. 하지만 기타 과세방식을 정할 때에는 개인별로 과세되므로 개인별로 보유한 주택 수가 중요하다. 공동명의의 주택은 각자의 주택 수에 포함하나, 상속소수지분은 예외적으로 제외해준다.

**Q. 기준시가가 올라가면 종부세가 증가하는 이유는?**

A. 보유세는 기준시가에 연동되어 과세되기 때문이다. 따라서 기준시가가 올라가면 세금이 증가하나, 기준시가가 내려가면 세금이 감소한다. 일반적으로 경기 호황기에는 기준시가가 상승하며, 경기 쇠퇴기에는 기준시가가 하락한다. 주택의 경우에는 매년 4월 30일경 발표되며, 토지는 매년 5월 31일경 발표된다.

**Q. 종부세 계산 시 공제금액은 어떻게 적용할까?**

A. 기준시가에서 차감되는 공제금액을 말한다. 다음과 같이 적용한다.

| 구분 | 공제금액 | 비고 |
| --- | --- | --- |
| 원칙 | 6억 원 | 개인별로 각자 적용 |
| 예외 | 9억 원 | 1세대 1주택 단독명의 시 |

## Q. 공정시장가액비율이란 무슨 제도인가?

**A.** 공정시장가액비율은 세금의 급격한 증가를 막기 위한 일종의 완충장치에 해당한다. 현행 '종부세법'에서는 다음과 같이 순차적으로 올리도록 하고 있다.

| 구분 | 2020년 | 2021년 이후 |
| --- | --- | --- |
| 종부세 | 90% | 2021년 95%, 2022년 100% |

## Q. 종부세의 세율은 어떤 구조인가?

**A.** 6단계 누진세율 구조로 되어 있다. 다만, 조정대상지역 내 2주택 등에 대해서는 추가세율이 적용된다. 이러한 누진세율은 기준시가가 증가할수록 세금도 기하급수적으로 올라가는 특징이 있다. 앞에 해당되는 곳을 참조하기 바란다.

## Q. 재산세의 크기는 종부세에 어떤 영향을 주는가?

**A.** 원래 부동산을 보유하면 일차적으로 재산세가 과세된다. 그리고 이어서 일정규모의 금액을 초과한 경우에는 종부세가 추가로 과세된다. 그런데 같은 재산에 대해 재산세와 종부세가 이중으로 과세되므로, 이를 방지하는 차원에서 이중으로 과세되는 재산세를 종부세에서 제외하고 있다. 따라서 종부세에서 차감되는 재산세의 크기에 따라 종부세도 달라진다.

## Q. 세부담 상한율이란 어떤 제도인가?

**A.** 세부담 상한율도 공정시장가액비율처럼 급격한 세부담을 방지하기 위해 도입된 제도로써 전년도에 낸 보유세를 기준으로 주택에서 발생한 종부세가 150~300%를 넘지 못하도록 하고 있다. 종부세 세부담 상한액은 다음과 같이 결정된다.

```
  전년도 보유세           올해의 종부세 세부담 상한액
  재산세 납부액           전년도 보유세 납부액(②)×세부담 상한율
+ 종부세 납부액         − 올해의 재산세 납부액
= 보유세 납부액(①)     = 종부세 세부담 상한액
```

| 구분 | 2018년 | 2019년 이후 |
|---|---|---|
| 종부세 세부담 상한율 | 150% | 좌동(단, 3주택 이상자와 조정대상지역 2주택자는 200~300%) |

**Q. 1세대 1주택자가 받을 수 있는 고령자세액공제, 장기보유세액공제는 어떤 제도인가?**

**A.** 1세대 1주택을 단독명의로 가지고 있는 경우에는 다음과 같이 세액공제를 적용한다. 주로 은퇴층을 위한 제도에 해당한다. 참고로 1주택을 공동명의로 보유한 경우에는 과세표준 계산 시 공제금액이 각각 6억 원(합해서 12억 원)을 적용하므로 다음과 같은 세액공제는 적용하지 않는다. 1세대가 2주택 이상 보유한 경우에도 이러한 공제를 적용하지 않는다.

| 구분 | 공제금액 | 비고 |
|---|---|---|
| 고령자세액공제 | · 60~65세 이하 : 10% 공제<br>· 66~70세 이하 : 20% 공제<br>· 70세 이상 : 30% 공제 | 1세대 1주택 & 단독명의로 된 경우에만 적용 |
| 장기보유세액공제 | · 5~10년 이하 : 20% 공제<br>· 10~15년 이하 : 40% 공제<br>· 15년 이상 : 50% 공제 | |

# 제5장

# 주택임대업과
# 종합소득세 건강보험료 포함 감면

# 주택임대소득에 대한 과세는 어떻게 되고 있을까?

주택임대소득에 대한 과세방식은 크게 과세와 비과세로 나뉘고, 과세의 경우 분리과세와 종합과세로 구분된다.

여기서 비과세는 세금이 아예 없는 것을, 분리과세는 다른 소득과 합산하지 않고 독자적으로 저렴한 세율로 과세되는 것을, 종합과세는 다른 소득과 합산해 과세하는 방식을 말한다. 이에 대해 좀 더 자세히 알아보자.

## 1. 비과세

- 국가가 과세권을 포기하는 것을 말한다.
- 통상 조세정책적인 목적에서 비과세를 적용한다.
- 소득자는 세법상 신고 및 자료제출 등의 협력의무가 없다. 따라서 사업자등록 및 건강보험료 납부의무도 없다.

## 2. 분리과세[1]

- 다른 소득과 합산하지 않고 별도의 계산구조에 의해 저율(14%)로 과세하는 것을 말한다.
- 종합과세 시 세부담이 증가할 수 있으므로 주로 소액소득에 대해 분리과세를 적용한다.
- 소득자는 세법상 신고 및 자료제출 등의 협력의무가 있다. 따라서 세원관리를 위해서는 사업자등록이 필요하다. 한편 소득이 발생했으므로 건강보험료 납부의무가 생긴다(다음 종합과세도 동일).

## 3. 종합과세

- 다른 소득과 합산해 6~42%의 세율로 과세하는 것을 말한다.
- 종합과세를 해서 정상적인 세부담을 시키고자 한다.
- 소득자는 세법상 신고 및 자료제출 등의 협력의무가 있다.

## 4. 건강보험료

건강보험료는 앞의 주택임대소득에 대한 과세와 밀접한 관련성을 맺고 있다.

---

[1] 주택임대소득이 연간 2천만 원 이하 시 분리과세와 종합과세 중 유리한 것을 선택해 신고할 수 있다.

- 비과세 : 건강보험료의 부과문제가 없다. 따라서 이 경우에는 다른 소득자의 피부양자로 등록이 가능하다. 단, 재산요건을 위배한 경우에는 피부양자로 등록할 수 없다. 다음 분리과세 등도 마찬가지다.
- 분리과세 : 지역에서 건강보험료가 부과되는 것이 원칙이다. 다만, 주택임대소득금액이 0원이 되는 경우에는 다른 소득자의 피부양자로 등록이 가능하다.
- 종합과세 : 원칙적으로 지역에서 건강보험료를 내는 것이 원칙이다.

# 주택임대소득에 대한 과세원리 및 주택 수별 과세방식은 어떻게 될까?

주택임대소득은 부부의 주택 수에 따라 과세 여부가 달라지고, 개인의 수입금액에 따라 과세방식이 달라진다. 그래서 다른 세목과는 달리 과세판단 및 세액계산이 다소 복잡하다. 이하에서는 주택임대소득에 대한 계산에 앞서 주택임대소득에 대한 과세원리와 주택 수별 과세방식은 어떻게 되는지 살펴보자.

### 1. 주택임대소득에 대한 과세원리

주택임대소득에 대한 과세원리를 간략하게 정리하면 다음과 같다.

**첫째, 주택 수는 부부단위로 산정한다.**
주택 수는 부부단위로 산정한다. 이러한 단위는 양도세 등과는 무관하게 규정되어 있음에 유의해야 한다.

| 임대소득세 | 종부세 | 양도세 |
|---|---|---|
| 과세 여부 및 과세방식 판단 시 : 부부 주택 수 합산 | 1주택자 공제 적용 시 : 1세대 주택 수 합산 | 비과세 및 중과세 적용 시 : 1세대 주택 수 합산 |

**둘째, 주택 수에 따라 과세 여부가 달라진다.**

부부의 주택 수에 따라 다음과 같이 과세방식이 결정된다.

| 주택 수 | 월세 | 전세보증금 |
|---|---|---|
| 1채 | • 비과세(기준시가 9억 원 초과 주택 및 국외주택 과세) | • 비과세 |
| 2채 | • 과세 | |
| 3채 이상 | • 과세 | • (보증금 합계액 3억 원 이하) 비과세<br>• (보증금 합계액 3억 원 초과) 초과분의 60%에 대해 이자상당액을 수입금액으로 봐서 과세*<br>　* 간주임대료 = (보증금 합계액 − 3억 원)×60%×1.8%(정기예금이자율, '20 귀속) − 임대 관련 발생 이자·배당<br>　− 다만, 소형주택 주택 수 계산 및 과세 제외 |

**셋째, 세금계산은 각자의 소득에 대해 한다.**

앞과 같이 과세 여부가 결정되었다면, 각자의 소득에 따라 과세방식(비과세, 분리과세, 종합소득세)이 결정된다.

## 2. 주택 수별 과세방식

### 1) 부부의 주택 수 합계액이 1채인 경우

이들이 보유한 주택이 총 1채이고, 이를 전세나 월세 또는 반전세를 받는 경우가 있다. 이러한 상황에서 '소득세법'은 원칙적으로 이들이 받은 월세와 전세보증금에 대해서는 소득세를 과세하지 않는다. 다만, 이들이 임대한 주택이 기준시가 9억 원이 넘는 경우에는 월세에 대해서만 예외적으로 소득세를 부과한다.

- 비과세 : 1주택자의 기준시가가 9억 원 이하인 경우
- 분리과세 : 개인별 주택임대소득이 2천만 원 이하인 경우
- 종합과세 : 개인별 주택임대소득이 2천만 원 초과한 경우

### 2) 부부의 주택 수 합계액이 2채인 경우

이러한 상황에서 월세소득이 발생하면 원칙적으로 소득세를 과세한다. 하지만 전세보증금의 경우 그 크기에 불구하고, 이에 대해서는 소득세를 과세하지 않는다.

- 분리과세 : 개인별 주택임대소득이 2천만 원 이하인 경우
- 종합과세 : 개인별 주택임대소득이 2천만 원 초과한 경우

### 3) 부부의 주택 수 합계액이 3채 이상인 경우

당연히 월세소득에 대해서는 과세가 된다. 다만, 전세보증금의 경우에는 소형주택을 제외한 나머지 주택 수가 3채가 되어야 이자

상당액에 대해 과세가 된다. 여기서 소형주택은 기준시가가 2억 원 이하이고, 전용면적이 $40m^2$ 이하에 해당되어야 한다.[2] 따라서 소형주택을 위주로 임대를 하는 경우에는 전세보증금에 대해 과세가 되지 않는 특례를 받을 수 있다.

· 분리과세 : 개인별 주택임대소득이 2천만 원 이하인 경우
· 종합과세 : 개인별 주택임대소득이 2천만 원 초과한 경우

---

2) 소형주택(주거전용면적 $40m^2$ 이하이면서 기준시가도 2억 원 이하)의 경우도 2021년 귀속분까지 임대수입 과세대상에서 제외된다.

# 주택 수 산정은 구체적으로 어떻게 할까?

주택임대소득에 대한 과세는 2019년 귀속소득분부터 본격적으로 과세되고 있다. 그런데 주택의 소유형태별로 과세방식이 달라지다 보니 이에 대한 과세판단이 상당히 힘든 경우가 많다. 이러한 문제들을 해결해보자.

### 1. '소득세법'상 주택이란

'소득세법' 제8조의 2 제2항에서는 "주택"이란 상시 주거용(사업을 위한 주거용의 경우는 제외한다[3])으로 사용하는 건물을 말한다. 이러한 내용으로 보건대, 상시 주거용인 오피스텔도 주택 수에 포함된다.

---

3) 민박용 주택 등을 말한다.

| 주거용 오피스텔과 주택임대업 |

| 취득세 | 재산세 | 종부세 | 임대소득세 | 양도세 |
|---|---|---|---|---|
| 감면 가능 | 감면 가능 | 주택으로 봐서 과세<br>(단, 재산세 과세현황에 따름) | 주택으로 봐서 과세 | 주택으로 봐서 과세 |

## 2. '소득세법'상의 주택 수 산정방법

주택임대소득에 대한 과세방식은 주택 수별로 달라지기 때문에 이에 대한 내용을 정리해둘 필요가 있다.

먼저 '소득세법' 제12조 제2호 나목에서는 주택임대소득 중 비과세소득에 대한 정의를 다음과 같이 하고 있다.

> 나. 1개의 주택을 소유하는 자의 주택임대소득(제99조에 따른 기준시가가 9억 원을 초과하는 주택 및 국외에 소재하는 주택의 임대소득은 제외한다) 또는 해당 과세기간에 대통령령으로 정하는 총수입금액의 합계액이 2천만 원 이하인 자의 주택임대소득(2018년 12월 31일 이전에 끝나는 과세기간까지 발생하는 소득으로 한정한다). 이 경우 주택 수의 계산 및 주택임대소득의 산정 등 필요한 사항은 대통령령으로 정한다.

앞의 규정을 보면 기준시가 9억 원 이하의 1주택은 비과세를 적용하는데, 이때 주택 수 판단은 대통령령으로 정하도록 하고 있다. 따라서 자세한 내용은 대통령령을 통해 확인해야 한다. 다음의 '소득세법 시행령' 제8조의 2 제3항을 참조하자.

③ 법 제12조 제2호 나목을 적용할 때 주택 수는 다음 각 호에 따라 계산한다.
1. 다가구주택은 1개의 주택으로 보되, 구분등기된 경우에는 각각을 1개의 주택으로 계산.
2. 공동소유의 주택은 지분이 가장 큰 자의 소유로 계산하되, 지분이 가장 큰 자가 2인 이상인 경우에는 각각의 소유로 계산. 다만, 지분이 가장 큰 자가 2인 이상인 경우로서 그들이 합의하여 그들 중 1인을 당해 주택의 임대수입의 귀속자로 정한 경우에는 그의 소유로 계산한다.
3. 임차 또는 전세받은 주택을 전대하거나 전전세하는 경우에는 당해 임차 또는 전세받은 주택을 임차인 또는 전세받은 자의 주택으로 계산
4. 본인과 배우자가 각각 주택을 소유하는 경우에는 이를 합산

앞의 내용 중 제2호와 제4호를 위주로 좀 더 살펴보자.

첫째, 주택 수는 부부별로 산정한다.

앞의 제3항 제4호를 보면 주택 수는 부부별로 합산한다. 따라서 자녀 등의 주택 수를 제외한다. 이러한 기준은 양도세 과세에서 취급하는 것과는 차이가 난다.

둘째, 공동소유의 주택은 지분이 가장 큰 자의 소유로 계산한다.

예를 들어 어떤 주택을 7:3으로 소유하고 있다면, 7의 지분을 가진 자의 주택소유로 본다는 것이다. 다만, 지분이 가장 큰 자가 2인 이상(예 : 4:4:2)인 경우에는 각각의 소유로 계산하는 것이 원칙이나, 그들이 합의해 그들 중 1인을 당해 주택의 임대수입의 귀속자로 정한 경우에는 그의 소유로 계산할 수 있다.[4]

---

[4] 이 경우 증여세 문제가 있지만, 배우자 간 6억 원까지는 증여세가 없으므로 사실상 세무상의 문제는 없다.

이를 표로 정리하면 다음과 같다.

| 구분 | 원칙 | 예외 |
|---|---|---|
| 지분이 큰 자가 1인인 경우 | 지분이 큰 자의 소유 | - |
| 지분이 큰 자가 2인 이상인 경우 | 각자 소유 | 합의에 의해 귀속자를 정할 수 있음. |

셋째, 사업연도 중에 주택 수가 변동되는 경우의 과세방식은 이렇게 정한다.

사업연도 중에 2주택자가 1주택자가 되거나, 또는 그 반대로 되는 경우에 과세판단은 어떻게 할까?

예를 들어 1월 1일부터 5월 31일까지는 2주택자였고, 그 이후에는 1주택자였다면 양도일을 기준으로 5월 31일까지는 2주택자에 대한 과세방식을, 그 이후는 1주택자에 대한 과세방식을 적용하는 것이 타당하다.

## Tip 주택임대소득의 주택 수 계산방법 개선

2020년 영 시행일(2020년 2월 11일) 이후부터는 다음의 개정내용에 해당하면, 소수지분자의 주택은 각자의 주택으로 봐서 임대소득세가 과세된다.

| 종전 | 개정 |
|---|---|
| □ 주택임대소득 산정 시 공동소유 주택의 주택 수 계산<br>○ (원칙) 최다지분자의 소유 주택으로 계산<br>　* 최다지분자가 복수인 경우 : 최다지분자 간 합의에 따르되, 합의가 없으면 각각의 소유로 계산 | □ 주택 수 계산방법 개선<br>○ (좌동) |
| 〈추 가〉 | - ①, ② 중 하나에 해당하면 소수지분자도 주택 수에 가산<br>　① 해당 주택에서 발생하는 임대소득이 연간 600만 원 이상<br>　② 기준시가가 9억 원을 초과하는 주택의 30%를 초과하는 공동소유지분을 소유 |
| 〈추 가〉 | - 동일주택이 부부 각각의 주택 수에 가산된 경우 다음 순서(①→②)로 부부 중 1인의 소유주택으로 계산<br>　① 부부 중 지분이 더 큰 자<br>　② 부부의 지분이 동일한 경우, 부부사이의 합의에 따라 소유주택에 가산하기로 한 자<br>　* 주택 수 계산 시 부부는 각자의 주택을 모두 합산 |

## 세금을 계산할 때 필요한 주택임대소득은 어떻게 계산할까?

앞에서 살펴보았지만 주택임대사업자가 벌어들인 임대소득에 과세방식은 비과세부터 종합과세까지 다양하다. 그렇다면 이때 주택임대소득은 어떤 식으로 파악할까?

첫째, 매년 1월 1일부터 12월 31일까지의 기간을 기준으로 소득을 파악한다.

임대소득에 대해 부과되는 소득세는 보통 1년 단위로 소득을 파악한다. 물론 과세기간 중에 사업을 한 경우에는 사업을 개시한 날로부터 12월 31일까지, 연도부터 사업을 하다가 중도에 폐업을 한 경우에는 1월 1일부터 폐업일까지의 소득을 합산한다.

둘째, 주택임대소득은 개인별로 파악한다.

주택임대소득에 대한 분리과세 판단이나 실제 과세를 할 때에는 개인별로 판단하기 때문에 앞의 임대소득은 개인별로 파악한다.

따라서 남편의 임대소득이 2천만 원, 부인의 임대소득이 2천만 원이라면, 각자 납세의무자가 되어 분리과세를 적용받을 수 있다. 참고로 이때 2천만 원 여부는 총수입금액(월세+간주임대료+관리비 수입 등)을 가지고 판단함에 유의하자.

셋째, 주택임대소득은 월세와 간주임대료 그리고 관리비를 더해 계산한다.

| 구분 | 주택임대소득 |
| --- | --- |
| 월세만 있는 경우 | 1.1 ~ 12.31까지의 합계액 |
| 월세와 보증금이 있는 경우 | 위 합계액+간주임대료 |
| 보증금만 있는 경우 | 간주임대료 |
| 관리비가 있는 경우 | 청소비 등을 말함(전기료 등은 제외) |

앞에서 보증금이 있는 경우로서 과세되는 간주임대료는 다음과 같이 계산한다.

· 임대보증금의 합계액×1.8%

즉 임대보증금의 합계액에 1.8% 이자상당액을 곱한 만큼을 소득으로 본다. 예를 들어 임대보증금이 1억 원이라면 1년 동안의 간주임대료는 180만 원이 된다. 여기서 1.8%는 해마다 달라질 수 있다. 참고로 만일 임대물건이 여러 채이고, 임대기간이 다른 경우에는 앞과 같이 계산을 해서는 안 되며, 적수라는 개념을 사용해야 한다. 이는 매일매일 해당 보증금의 잔액에 임대일수를 곱한 금액을 말하는데, 적수를 사용했을 때에는 다음과 같이 주택임대소득을 계산한다.

· 임대보증금의 합계액의 적수 × 1.8% × (1/365)

## Tip 주택임대보증금에 대한 간주임대료 계산 시 주의해야 할 사항들

- 부부의 보유 주택 중 소형임대주택을 제외한 주택 수가 3채 이상 있어야 한다.
- 주택의 보증금이 개인별로 3억 원이 넘어야 한다.
- 공동명의주택은 한 사람이 사업을 하는 것으로 보아 간주임대료를 계산한다. 이후 소득분배비율로 안분해 각자의 소득으로 귀속시키는 것이 원칙이다.

# 임대소득이 연간 2천만 원 이하의 경우 분리과세가 유리할까? 종합과세가 유리할까?

이제 본격적으로 주택임대소득에 대한 세금계산을 해보자.

먼저 수입금액이 연간 2천만 원 이하이고, 분리과세가 적용되는 경우를 보자. 현행 '소득세법' 제64조의 2조에서는 분리과세되는 주택임대소득에 대해서는 다음과 같이 세액을 산출하도록 하고 있다.

분리과세 주택임대소득이 있는 거주자의 종합소득 결정세액은 다음의 세액 중 하나를 선택해 적용한다.
① 종합소득세로 신고하는 방법
② 분리과세로 신고하는 방법

즉 2천만 원 이하인 경우에는 둘 중 유리한 방식을 적용할 수 있게 하고 있다. 이 둘의 과세방식을 비교해보고 사례를 들어 알아보자.

| 구분 | 분리과세 | 종합과세 |
|---|---|---|
| 수입금액 | | |
| −필요경비 | 60%(미등록 50%) | 실제경비(추계경비) |
| =소득금액 | | |
| −소득공제 | 400만 원, 200만 원(미등록), 0원(종합소득금액 2천만 원) | 종합소득공제(기본공제 등) |
| =과세표준 | | |
| ×세율 | 14% | 6~42% |
| =산출세액 | | |
| −세액공제 | − | 기장세액공제, 자녀세액공제 등 |
| −감면세액 | 30%, 75% | 30%, 75% |
| =결정세액 | | |

**| 사례 |**

임대수입이 2천만 원인 주택임대사업자가 분리과세되는 경우와 종합과세되는 경우의 세금차이는? 단, 분리과세 시 필요경비와 공

| 구분 | 분리과세 | 종합과세 |
|---|---|---|
| 수입금액 | 2천만 원 | 2천만 원 |
| −필요경비(경비율 : 60%, 45%) | 1,200만 원 | 900만 원 |
| =소득금액 | 800만 원 | 1,100만 원 |
| −공제 | 400만 원 | 400만 원 |
| =과세표준 | 400만 원 | 700만 원 |
| ×세율 | 14% | 6% |
| =산출세액 | 56만 원 | 42만 원 |
| −세액공제 | − | − |
| −감면세액(30%) | 16만 8천 원 | 12만 6천 원 |
| =결정세액 | 39만 2천 원 | 29만 4천 원 |

제를 60%, 400만 원, 종합과세 시 적용되는 경비율은 45%(실제는 이보다 낮다. 저자의 카페 또는 홈택스 홈페이지 참조)이고, 종합소득공제액은 400만 원이라고 하자. 이외 다른 소득이 없다고 가정한다.

분리과세방식은 획일적으로 계산이 되는 반면, 종합과세는 필요경비와 소득공제액, 다른 종합소득의 존재유무 등에 따라 세금이 달라진다는 특징이 있다. 따라서 실무에서는 2가지 방식으로 계산해 유리한 것으로 신고하도록 한다.

## Tip 분리과세 종합분석(미등록 대 등록)

수입이 2천만 원이고 분리과세되는 경우, 미등록과 등록의 세금차이를 비교·분석해보자.

〈자료〉

① 미등록의 경우
- 필요경비 공제율 : 50%
- 공제액 : 주택임대소득 외 종합소득금액이 2천만 원 이하인 경우 200만 원, 초과한 경우 0원
- 감면율 : 적용배제

② 등록의 경우
- 필요경비 공제율 : 60%
- 공제액 : 주택임대소득 외 종합소득금액이 2천만 원 이하인 경우 400만 원, 초과한 경우 0원
- 감면율 : 단기 30%, 장기 75%
- 감면세액의 20%는 농특세로 부과

〈계산〉

(단위 : 원)

| 구분 | ① 미등록사업자 | | ② 등록사업자 | | | |
|---|---|---|---|---|---|---|
| | | | 4년 이상 임대 | | 8년 이상 임대 | |
| 감면율 | – | | 30% | | 75% | |
| 수입금액 | 20,000,000 | | 20,000,000 | | 20,000,000 | |
| ×필요경비 공제율 | 50% | | 60% | | 60% | |
| =소득금액 | 10,000,000 | | 8,000,000 | | 8,000,000 | |
| 〈유형〉 | 종합소득 금액이 2천만 원 이하인 경우 | 종합소득 금액이 2천만 원 초과한 경우 | 종합소득 금액이 2천만 원 이하인 경우 | 종합소득 금액이 2천만 원 초과한 경우 | 종합소득 금액이 2천만 원 이하인 경우 | 종합소득 금액이 2천만 원 초과한 경우 |
| -공제액 | 2,000,000 | 0 | 4,000,000 | 0 | 4,000,000 | 0 |
| =과세표준 | 8,000,000 | 10,000,000 | 4,000,000 | 8,000,000 | 4,000,000 | 8,000,000 |
| ×세율 | 14% | 14% | 14% | 14% | 14% | 14% |
| =산출세액 | 1,120,000 | 1,400,000 | 560,000 | 1,120,000 | 560,000 | 1,120,000 |
| -감면세액 | – | – | 168,000 | 336,000 | 420,000 | 840,000 |
| =결정세액 | 1,120,000 | 1,400,000 | 392,000 | 784,000 | 140,000 | 280,000 |
| +지방소득세 | 112,000 | 140,000 | 39,200 | 78,400 | 14,000 | 28,000 |
| +농특세 | 0 | 0 | 33,600 | 67,200 | 84,000 | 168,000 |
| =총납부할 세액 | 1,232,000 | 1,540,000 | 464,800 | 929,600 | 238,000 | 476,000 |

# 임대소득이 연간 2천만 원 초과 시 종합과세되면 세금이 얼마나 나올까?

주택임대소득이 연간 2천만 원을 초과하는 경우에는 무조건 다른 소득과 합산해 종합과세가 된다. 따라서 세금부담이 생각보다 커질 가능성이 높다. 예를 들어 주택임대수입이 연간 5천만 원 정도 발생했다고 하자. 이 경우 세금은 얼마나 나올지 다음 자료를 바탕으로 계산해보자.

〈자료〉
· 임대수입은 5천만 원이다.
· 임대업에 대한 경비는 1천만 원이다.
· 종합소득공제액은 1천만 원이다.
· 8년 장기임대주택에 해당하며 75% 감면이 가능하다.

## 1. 단일소득만 있는 경우

주택임대소득만 있는 경우에는 앞의 정보에 따라 계산하면 된다.

| 구분 | 금액 | 비고 |
| --- | --- | --- |
| 종합소득금액 | 4천만 원 | 임대수입-경비=5천만 원-1천만 원=4천만 원 |
| -종합소득공제 | 1천만 원 | 자료 가정 |
| =과세표준 | 3천만 원 | |
| ×세율(6~42%) | 15% | |
| -누진공제 | 108만 원 | |
| =산출세액 | 342만 원 | |
| -감면세액 | 256만 5천 원 | · 단기임대 : 30%<br>· 장기임대 : 75%(사례) |
| =결정세액 | 85만 5천 원 | |
| +지방소득세 | 8만 5,500원 | 결정세액의 10% |
| +농특세 | 51만 3천 원 | 감면세액의 20% |
| =총계 | 145만 3,500원 | |

## 2. 복수소득이 있는 경우

만일 앞의 사례에게 근로소득 등 다른 종합소득이 있는 경우에는 이 2가지 소득을 합산해서 신고를 해야 한다. 그렇다면 이때 얼마의 세금이 증가될 것인가?

앞의 사례자의 근로소득 과세표준이 3천만 원이고, 임대소득금액이 4천만 원이라면 다음과 같이 증가되는 세액을 예상해볼 수 있다.

| 과세표준 | 적용세율(①) | 증가되는 과세표준(②) | 증가되는 세액(②×①) |
|---|---|---|---|
| 3천만 원~4,600만 원 | 15% | 1,600만 원 | 240만 원 |
| 4,600만 원~7,000만 원 | 24% | 2,400만 원 | 576만 원 |
| 계 | - | 4천만 원 | 816만 원 |

근로소득에 합산되어 증가하는 임대소득에 대한 산출세액은 816만 원이 된다. 이처럼 주택임대소득이 다른 소득에 합산되어 과세되면 누진세율의 영향으로 세금이 크게 증가된다.

## Tip 장부작성 시 세법상 인정되는 필요경비의 범위

장부를 작성하면 다음과 같은 비용들이 세법상 인정된다(자세한 사항은 저자의 카페로 문의하기 바란다).

- **수선비** : 도배비 등
- **이자** : 주택구입과 관련된 이자비용(공동사업의 경우 제한이 있음)
- **감가상각비** : 주택건물분에 대한 감가상각비(토지는 제외)
- **보유세** : 재산세와 종부세를 말함.
- **차량비** : 업무용 승용차유지비용을 말함(차량운행일지 미작성 시 감가상각비를 포함해 연간 1,500만 원까지 처리 가능함).
- **건강보험료** : 지역에서 납부한 보험료를 말함. 사업장에서 낸 사업자의 부담분도 비용처리가 가능함.
- **인건비** : 사업자 외의 직원에 대한 인건비를 말함.
- **기타 잡비** : 복리후생비, 접대비 등도 추가로 계상이 가능함.

# 장부를 미작성한 경우의 소득세는 어떻게 계산할까?

주택임대소득에 대해 종합과세를 적용하는 경우, 필요경비를 어떤 식으로 처리할 것인지의 여부는 매우 중요하다. 이의 크기에 따라서 세금의 크기가 달라질 수 있기 때문이다. 이에 세법은 원칙적으로 장부를 통해 필요경비를 입증하도록 하고 있으나, 장부작성이 힘든 경우에는 정부에서 정한 추계방식(수입금액의 일부만 경비처리를 할 수 있도록 하는 제도)도 인정하고 있다. 하지만 이 둘의 방식이 장단점이 있으므로 이 부분을 미리 확인할 필요가 있다.

## 1. 장부를 작성하는 경우의 장단점

### 1) 장점
· 수선비용이나 이자비용, 인건비 등 실제 비용이 많은 경우 필요경비로 처리할 수 있다.

- 무기장 가산세를 부과받지 않는다.
- 간편장부대상자[5]는 100만 원을 한도로 기장세액공제를 받을 수 있다.

### 2) 단점
- 회계지식이 없으면 스스로 장부작성을 할 수 없다. 이 경우 대리비용이 발생한다.

## 2. 장부를 작성하지 않는 경우의 장단점

### 1) 장점
- 비교적 간단하게 세금신고를 마칠 수 있다.

### 2) 단점
- 무기장 가산세가 발생한다.
- 수입금액이 일정금액 이상이 되면 경비율이 대폭 줄어들어 세금이 크게 증가한다.[6]

## 3. 분석

앞의 사업자가 장부를 작성하지 않은 상태에서 소득세를 신고하

---

5) 연간 수입금액이 7,500만 원에 미달하면 수입과 지출을 일자별로 기록하는 식으로 장부를 작성할 수 있는데 이를 간편장부라고 한다.
6) 수입금액이 2,400만 원 이상이 되면 기준경비율제도가 적용된다(저자 문의).

고자 한다. 이 경우 장부를 작성한 경우에 비해 얼마나 세금이 증가할까? 이를 위해서는 다음과 같은 정보가 추가로 필요하다.

〈자료〉

- 장부유형 : 간편장부
- 단순경비율 : 40% 가정
- 기준경비율 : 20% 가정
- 감면율 : 0% 가정
- 무기장 가산세 : 20% 가정

※ 이외 소득상한배율 등은 고려하지 않기로 한다(저자 문의).

〈계산〉

| 구분 | 장부작성 | 장부미작성 | |
| --- | --- | --- | --- |
| | | 단순경비율 적용(40%) | 기준경비율 적용(20%) |
| 수입금액 | 5천만 원 | 5천만 원 | 5천만 원 |
| −필요경비 | 1천만 원 | 2천만 원 | 1천만 원 |
| =종합소득금액 | 4천만 원 | 3천만 원 | 4천만 원 |
| −종합소득공제 | 1천만 원 | 1천만 원 | 1천만 원 |
| =과세표준 | 3천만 원 | 2천만 원 | 3천만 원 |
| ×세율(6~42%) | 15% | 15% | 15% |
| −누진공제 | 108만 원 | 108만 원 | 108만 원 |
| =산출세액 | 342만 원 | 192만 원 | 342만 원 |
| −감면세액 | 0원 | 0원 | 0원 |
| +무기장 가산세(20%) | − | 38만 4천 원 | 68만 4천 원 |
| =결정세액 | 342만 원 | 230만 4천 원 | 410만 4천 원 |
| +지방소득세 | 34만 2천 원 | 23만 400원 | 41만 400원 |
| +농특세 | 0원 | 0원 | 0원 |
| =총계 | 376만 2천 원 | 253만 4,400원 | 451만 4,400원 |

표를 보면 단순경비율로 신고하는 것이 유리할 수 있으나, 연간 소득이 첫해는 7,500만 원, 둘째 해 이후는 2,400만 원이 넘어가면 기준경비율로 신고를 해야 한다. 따라서 이렇게 되면 장부를 작성하는 것이 더 유리할 수도 있다.

# 공동명의 주택임대소득은 어떻게 계산할까?

공동명의로 보유한 주택에 대한 임대소득 과세방식은 단독으로 보유한 경우와 비교할 때 차이점이 있을 수 있다. 우리나라 소득세 과세방식이 개인단위를 채택하다 보니 소득금액 계산방식이 독특하기 때문이다. 이하에서 구체적인 계산방법을 알아보자.

## 1. 주택 수 판정

공동소유주택은 지분이 동일한 경우에는 각각의 소유로 하되 합의해서 1인을 임대수입의 귀속자로 정한 경우에는 그의 소유로 계산할 수 있다. 따라서 다음과 같은 결과를 얻을 수 있다.[7]

---

7) 지분이 큰 자와 작은 자가 있는 경우에는 큰 자의 것으로 본다.

· 원칙 : 소득분배율에 의해 임대소득이 귀속한다.
· 예외 : 임의로 부부 중 한 사람의 수입으로 귀속시킬 수 있다.

**예)** 다음과 같은 상황에서 어떻게 하면 임대소득에 대한 분리과세를 받을 수 있을까?

| 구분 | 소유 | 연간 | 비고 |
|---|---|---|---|
| A주택 | K씨 | 1,800만 원 | |
| B주택 | 부부공동소유* | 1천만 원 | |

\* 소득분배율이 동일함.

일단 원칙적으로 보면 K씨의 경우 본인에게 귀속되는 1,800만 원과 부부공동소유 중 본인 지분율에 해당하는 500만 원을 합하면 2,300만 원이 된다. 따라서 이 경우에는 종합과세가 되는 것이 원칙이다.

하지만 지분율이 동일한 경우 임의로 임대소득의 귀속자를 정할 수 있으므로 이 경우에는 B주택의 임대소득을 모두 K씨 배우자의 것으로 하면 전체적으로 분리과세를 받을 수 있게 된다.[8]

---

[8] 2020년 이후부터는 수입금액이 600만 원 등 일정한 사유에 해당하면 소수권자의 지분도 주택 수에 포함된다.

## 2. 간주임대료 계산

주택을 공동으로 소유하는 경우, 월세는 각자의 소득분배비율에 따라 안분하면 큰 문제는 없을 것이다. 그렇다면 보증금에 대한 간주임대료는 어떻게 계산할까? 이에 대해 세법은 부부 등이 공동사업을 영위하는 경우에는 그 사업자체를 '1거주자가 영위하는 것'으로 보기 때문에 이에 맞춰 간주임대료를 계산해야 한다.

예를 들어 공동명의주택의 임대보증금이 5억 원이라면 다음과 같이 간주임대료를 계산해야 한다.

**STEP1** : 전체 간주임대료 계산

· (5억 원-3억 원)×60%×1.8%=216만 원

**STEP2** : 간주임대료의 배분

· 216만 원×소득배분율

단독명의주택의 보증금은 개인별로 합계한 후에 3억 원을 공제해서 간주임대료를 계산하면 되나, 공동명의주택의 보증금은 단독명의주택과는 별도로 3억 원을 공제해서 간주임대료를 계산한다.

## 3. 소득금액 배분

이상과 같이 주택 수와 소득금액이 계산되었다면 개인 앞으로 소득금액을 분배하고, 그에 따라 소득세를 신고 및 납부한다. 이때 공동명의주택의 소득은 한쪽의 소득으로 귀속시킬 수 있으므로 이를 활용하는 것도 하나의 절세 수단이 된다.

> **Tip 공동사업자의 이자비용 처리법**
>
> 공동사업자들은 이자비용 처리법에 대해서는 주의해야 한다. 공동사업 영위 시에 출자한 자본금을 충당하기 위해 차입한 이자에 대해서는 필요경비로 인정하지 않기 때문이다. 이러한 문제는 저자 등 세무전문가와 상의하는 것이 좋다.

# 주택임대소득에 대한 소득세 감면요건은 어떻게 되고, 감면신청은 어떻게 하는가?

주택임대소득에 대한 소득세 감면은 임대사업자에게는 매우 중요한 제도가 될 수 있다. 임대유형에 따라 30~75%를 감면받을 수 있기 때문이다. 하지만 2021년 이후부터 2주택 이상 보유자에 대해서는 감면율이 20~50%로 축소되며 감면세액의 20%가 농특세로 부과된다는 점, 그리고 얼마 전까지는 사실상 소득세가 과세되지 않았지만 지금은 내야 한다는 점 등을 고려해본다면 감면이 그리 크게 느껴지지 않을 수도 있다. 이에 대해 좀 더 분석해보자.

## 1. '조특법'상 소득세 감면규정

먼저 '조특법' 제96조 규정을 살펴보면 다음과 같다.

① 대통령령으로 정하는 내국인이 대통령령으로 정하는 임대주택을 1호 이상 임대하는 경우에는 2022년 12월 31일 이전에 끝나는 과세연도까지 해당 임대사업에서 발생한 소득에 대해서는 다음 각 호에 따른 세액을 감면한다.(2019. 12. 31 개정)

1. 임대주택을 1호 임대하는 경우 : 소득세 또는 법인세의 100분의 30[임대주택 중 '민간임대주택법' 제2조 제5호에 따른 장기임대주택의 경우에는 100분의 75]에 상당하는 세액
2. 임대주택을 2호 이상 임대하는 경우 : 소득세 또는 법인세의 100분의 20(장기임대주택의 경우에는 100분의 50)에 상당하는 세액

앞의 규정은 1호 이상 임대해 소득이 발생하면 2022년 말까지 30~75%를 감면한다는 내용 정도만 담고 있다(2021년은 2호 이상 20~50%). 따라서 중요한 감면요건은 대통령령('조특법 시행령' 제96조)에서 규정하고 있는데, 이를 요약하면 다음과 같다.

첫째, 내국인(개인과 법인)이 '민간임대주택법' 등에 따라 등록할 것

둘째, 국민주택규모 이하일 것

해당 주택이 다가구주택일 경우에는 가구당 전용면적을 기준으로 하며, 주거에 사용하는 오피스텔을 포함한다.

셋째, 주택의 기준시가가 해당 주택의 임대개시일 당시 6억 원을 초과하지 아니할 것

넷째, 임대보증금 또는 임대료의 증가율이 100분의 5를 초과하지 않을 것

앞의 요건을 정리하면 다음과 같다.

| 구분 | 내용 | 비고 |
|---|---|---|
| 등록요건 | 관할 지자체+세무서 | |
| 임대유형 | 단기 임대 또는 장기 임대 | |
| 주택규모 | 국민주택규모 이하 | 다가구주택은 호별 기준, 오피스텔 포함 |
| 가액기준 | 기준시가 6억 원 이하 | 지방도 6억 원 이하임에 주의 |
| 임대주택 수 | 1호 이상 | |
| 임대료 5% 증액제한 | 있음. | 2019. 2. 12 신설 |
| 감면율 | ·4년 : 30%<br>·8년 : 75% | 2021년 이후 2주택 이상자는 20%, 50% |
| 사후관리 | 임대기간 내 매각 시 이자상당액 가산해 추징 | |

※ **소득세 감면신청 서류**
- 임대사업자 등록증
- 임대 조건 신고증명서
- 표준임대차계약서 사본
- 그 밖에 기획재정부령으로 정하는 서류

## 2. 소득세 감면규정 적용 시 4년 또는 8년 임대하는지의 여부 판단

앞의 소득세 감면은 법에서 제시하고 있는 임대의무기간을 충족한 경우에 한해 적용한다. 그렇다면 중도에 임대를 제대로 못할 경우에는 어떻게 할 것인가? 이에 대해 '조특법 시행령' 제96조 제3

항에서는 임대주택을 4년 또는 8년 이상 임대하는지 여부는 다음 각 호에 따르도록 하고 있다.

1. 해당 과세연도의 매월 말 현재 실제 임대하는 임대주택이 1호 이상인 개월 수가 해당 과세연도 개월 수(1호 이상의 임대주택의 임대개시일이 속하는 과세연도의 경우에는 1호 이상의 임대주택의 임대개시일이 속하는 월부터 과세연도 종료일이 속하는 월까지의 개월 수)의 12분의 9 이상인 경우에는 1호 이상의 임대주택을 임대하고 있는 것으로 본다.
2. 1호 이상의 임대주택의 임대개시일부터 4년(장기임대주택의 경우에는 8년)이 되는 날이 속하는 달의 말일까지의 기간 중 매월 말 현재 실제 임대하는 임대주택이 1호 이상인 개월 수가 43개월(장기임대주택의 경우에는 87개월) 이상인 경우에는 1호 이상의 임대주택을 4년(장기임대주택의 경우에는 8년) 이상 임대하고 있는 것으로 본다.
3. 제1호 및 제2호를 적용할 때 기존 임차인의 퇴거일부터 다음 임차인의 입주일까지의 기간으로서 3개월 이내의 기간은 임대한 기간으로 본다.
4. 제1호 및 제2호를 적용할 때 피상속인, 피합병법인 등이 임대하던 임대주택을 상속인, 합병법인 등이 취득하여 임대하는 경우에는 피상속인등의 임대기간은 상속인등의 임대기간으로 본다.
5. 제1호 및 제2호를 적용할 때 수용(협의 매수를 포함한다)으로 임대주택을 처분하거나 임대를 할 수 없는 경우에는 해당 임대주택을 계속 임대하는 것으로 본다.
6. 제1호 및 제2호를 적용할 때 재건축사업, 재개발사업 또는 소규모주택정비사업의 사유로 임대주택을 처분하거나 임대를 할 수 없는 경우에는 해당 주택의 관리처분계획(소규모주택정비사업의 경우에는 사업시행계획을 말한다) 인가일 전 6개월부터 준공일 후 6개월까지의 기간은 임대한 기간으로 본다.

앞의 규정 중 제3호를 보면 소득세 감면의 경우에는 기존 임차인의 퇴거일부터 다음 임차인의 입주일까지의 기간으로서 3개월 이내의 기간은 임대한 기간으로 보도록 하고 있음을 알 수 있다. 이외 상속, 수용, 재건축 등과 관련된 내용도 포함하고 있다.

# 주택임대소득에 대한 소득세 신고는 어떻게 할까?

 소득세 신고는 다음 해 5월(성실신고확인대상자는 6월)에 주소지 관할 세무서에 한다. 이하에서는 주택임대소득에 대한 신고절차 및 신고를 하지 않은 경우 어떤 문제가 있는지 등을 중심으로 살펴보자.

### 1. 사업장현황신고

 부가가치세가 면제되는 사업자들은 전년도의 수입금액과 경비 등이 포함된 사업장현황신고서를 다음 해 2월 10일까지 주소지 관할 세무서에 제출해야 한다. 이때 수입금액을 미신고하거나 잘못 신고하더라도 가산세는 없다. 가산세를 부과받는 업종은 의료업 등 몇 가지로 한정된다.

## 2. 종합소득세 신고

전년도에 발생한 종합소득에 대해 다음 해 5월 중에 종합소득세 신고를 한다. 만일 임대수입이 5억 원 넘어간 경우에는 6월 중에 신고를 해도 된다. 참고로 이때 신고의무는 사업자등록의 유무와 관계없다. 사업자등록이 없는 경우에는 주민등록번호로 신고를 할 수 있기 때문이다.

### 1) 신고방법
소득세는 다음과 같이 신고할 수 있다.

· 본인이 스스로 기재해 신고
· 홈택스 홈페이지를 이용하는 방법
· 세무회계사무소를 이용하는 방법

### 2) 무신고 시의 불이익
무신고 시에는 신고불성실가산세(20%)와 납부불성실가산세(2.5/10,000) 등이 부과될 수 있다. 이외에 세무조사 등도 받을 수 있다.

# 주택임대사업자는 건강보험료를 부담해야 하는가?

주택임대사업자들이 궁금하게 생각하고 있는 준세금 중의 하나가 바로 건강보험료다. 주택임대업도 사업에 해당하므로 소득이 발생하면 건강보험료가 부과될 수 있기 때문이다. 그렇다면 주택임대업을 할 때 어떤 기준으로 건강보험료가 부과되는지 알아보자. 자세한 것은 공단에 문의하자.

### 1. 직장가입자와 지역가입자의 구분

소득 중 근로소득자들은 월급을 토대로 사업장(직장)에서 건강보험료를 납부한다. 한편 사업자들 중 종업원 1인 이상을 고용하고 있는 경우에도 역시 자신들이 벌어들인 소득을 토대로 사업장에서 건강보험료를 납부한다. 이러한 사업장가입자들은 대부분 자신의 소득수준에 따라 보험료를 낸다. 한편 소득이 없는 사업자들은 지역에서 보험료를 내고 있다.

### 2. 주택임대업과 건강보험료의 관계

주택임대업을 영위하는 사업자도 사업자에 해당하므로 종업원이 있으면 사업장에서, 없으면 지역에서 이를 납부하는 것이 원칙이다.

| 구분 | 가입처 | 비고 |
| --- | --- | --- |
| 종업원이 1인 이상이 있는 경우 | 사업장 가입 | 소득기준 |
| 종업원이 없는 경우 | 지역 가입 | 소득+재산+자동차 기준 |

### 3. 다른 소득자의 피부양자 등록조건

주택임대사업자도 사업자에 해당하므로 대부분 지역에서 보험료를 내야 하나, 소득이나 재산수준이 낮으면 자녀 등 다른 소득자의 피부양자로 할 수 있다. 따라서 이 경우에는 보험료를 부담하지 않아도 된다. 이에 대해서는 다음의 Tip을 참조하기 바란다.

### 4. 주택임대소득의 발생과 건강보험료 납부

#### 1) 근로소득이 있는 경우

직장에서 보험료를 내고 있지만, 주택임대소득 등 다른 종합소득금액이 3,400만 원을 넘어가면 지역에서 보험료를 추가로 내야 한다. 소득금액은 수입에서 경비를 차감한 금액임에 유의하자.

### 2) 주택임대소득만 있는 경우

원칙적으로 지역에서 보험료를 내야 한다. 다만, 주택임대소득이 연간 2천만 원 이하인 경우에만 다음과 같이 보험료 감면을 실시한다.

| 구분 | 보험료 감면 | 피부양자 |
|---|---|---|
| 연간 임대소득이 1천만 원(미등록 시 400만 원) 이하인 경우 | 단기임대 40%, 장기임대 80% | 피부양자 유지됨. |
| 연간 임대소득이 1천만 원~2천만 원 이하인 경우 | | 피부양자 제외됨. |

즉 주택임대소득이 연간 2천만 원 이하인 경우에 등록을 한 경우에는 건강보험료가 단기 40%, 장기 80% 감면된다. 한편 연간 주택임대소득이 1천만 원 또는 400만 원 이하인 경우에는 다른 근로소득자 등의 피부양자자격이 계속 유지될 수 있다. 등록임대사업자의 경우 1천만 원에서 60% 및 400만 원을 공제받으면 소득금액이 0원이 되고, 미등록임대사업자의 경우 400만 원에서 50%와 200만 원을 공제받으면 이 금액이 0원이 되기 때문이다.

### 5. 건강보험료의 산정절차

건강보험료는 종합소득세 신고자료를 기반으로 과세되는데, 5월 국세청에 신고된 자료가 공단에 통보되어 당해 연도 11월부터 그 다음 해 10월까지 부과된다. 이때 소득이 전년에 비해 크게 증가한 경우에는 보험료가 크게 증가할 수 있다.

## Tip 피부양자 요건

'국민건강보험법' 제5조에서는 다음과 같은 요건을 모두 충족한 경우, 다른 소득자의 피부양자로 등록을 할 수 있도록 하고 있다.

> ① 국내에 거주하는 국민은 건강보험의 가입자 또는 피부양자가 된다.
> ② 제1항의 피부양자는 다음 각 호의 어느 하나에 해당하는 사람 중 직장가입자에게 주로 생계를 의존하는 사람으로서 소득 및 재산이 보건복지부령으로 정하는 기준 이하에 해당하는 사람을 말한다.
> 1. 직장가입자의 배우자
> 2. 직장가입자의 직계존속(배우자의 직계존속을 포함한다)
> 3. 직장가입자의 직계비속(배우자의 직계비속을 포함한다)과 그 배우자
> 4. 직장가입자의 형제·자매
>
> ③ 제2항에 따른 피부양자 자격의 인정 기준, 취득·상실시기 및 그 밖에 필요한 사항은 보건복지부령으로 정한다.
>
> **제2조(피부양자 자격의 인정기준 등)**
> ① '국민건강보험법' 제5조 제2항에 따른 피부양자 자격의 인정기준은 다음 각 호의 요건을 모두 충족하는 것으로 한다.
> 1. 별표 1에 따른 부양요건에 해당할 것
> 2. 별표 1의 2에 따른 소득 및 재산요건에 해당할 것

■ '국민건강보험법' 시행규칙 [별표 1의 2] 〈개정 2018. 3. 6〉

## 피부양자 자격의 인정기준 중 소득 및 재산요건
(제2조 제1항 제2호 관련)

1. 직장가입자의 피부양자가 되려는 사람은 다음 각 목에서 정하는 소득요건을 모두 충족해야 한다.

   가. 영 제41조 제1항 각 호에 따른 소득의 합계액이 연간 3,400만 원 이하일 것

   나. 영 제41조 제1항 제3호의 사업소득(이하 이 표에서 "사업소득"이라 한다)이 없을 것.[9] 다만, 피부양자가 되려는 사람이 다음의 어느 하나에 해당하는 경우 해당되는 사업소득 요건을 충족하면 사업소득이 없는 것으로 본다.

   1) 사업자등록이 되어 있지 않은 경우 : 사업소득의 합계액이 연간 500만 원 이하일 것

   2) '장애인복지법' 제32조에 따라 장애인으로 등록한 사람, '국가유공자 등 예우 및 지원에 관한 법률' 제4조·제73조 및 제74조에 따른 국가유공자 등(법률 제11041호로 개정되기 전의 '국가유공자 등 예우 및 지원에 관한 법률' 제73조의 2에 따른 국가유공자 등을 포함한다)으로서 같은 법 제6조의 4에 따른 상이등급 판정을 받은 사람과 '보훈보상대상자 지원에 관한 법률' 제2조에 따른 보훈보상대상자로서 같은 법 제6조에 따른 상이등급 판정을 받은 사람인 경우 : 사업소득의 합계액이 연간 500만 원 이하일 것

   다. 피부양자가 되려는 사람이 폐업 등에 따른 사업중단 등의 사유로 소득이 발생하지 않게 된 경우, '도시 및 주거환경정비법'에 따른 주택재건축사업으로 발생한 사업소득을 제외하면 가목

---

9) 등록사업자는 1천만 원, 미등록사업자는 400만 원 이하이면 소득금액이 0원이 된다.

및 나목의 요건을 충족하는 경우 등 관계 자료에 의하여 공단이 인정한 경우에는 가목 및 나목의 요건을 충족하는 것으로 본다.
라. 피부양자가 되려는 사람이 기혼자인 경우에는 부부 모두 가목부터 다목까지의 요건을 충족해야 한다.
2. 직장가입자의 피부양자가 되려는 사람은 각 목에서 정하는 재산요건 중 어느 하나에 해당해야 한다.
  가. 별표 1의 제1호부터 제9호까지에 해당하는 경우 : 다음의 어느 하나에 해당할 것
    1) 영 제42조 제3항 제1호에 따른 재산에 대한 '지방세법' 제110조에 따른 재산세 과세표준[10]의 합이 5억 4천만 원을 초과하면서 9억 원 이하이고, 영 제41조 제1항 각 호에 따른 소득의 합계액이 연간 1천만 원 이하일 것
    2) 영 제42조 제3항 제1호에 따른 재산에 대한 '지방세법' 제110조에 따른 재산세 과세표준의 합이 5억 4천만 원 이하일 것
  나. 별표 1의 제10호에 해당하는 경우 : 영 제42조 제3항 제1호에 따른 재산에 대한 '지방세법' 제110조에 따른 재산세 과세표준의 합이 1억 8천만 원 이하일 것

위의 내용들을 통해 보면 피부양자로 남아 있기 위해서는 재산세의 과세대상이 되는 토지, 건축물, 주택 등의 재산세 과세표준의 합이 5억 4천만 원 이하에 해당되어야 한다. 여기서 재산세 과세표준은 시가표준액의 60% 정도로 정해지기 때문에 시가표준액(기준시가) 100%로 환산하면 9억 원(시세로 환산하면 더 올라갈 수 있음) 정도가 된다. 참고로 따라서 이 금액이 넘게 재산을 보유한 경우에는 피부양자에서 배제되는 것이 원칙이다.

---

10) 재산세 과세표준은 시가표준액(기준시가)의 60%로 정해진다.

# 제6장

## 주택임대업과
## 양도세 비과세·과세원리

# 주택임대사업자에게 적용되는 양도세 비과세 원리

비과세는 국가가 과세권을 포기하는 것으로 수요자의 입장에서는 가장 선호하는 제도에 해당한다. 이는 주택임대사업자의 관점에서도 마찬가지다. 다만, 주택임대사업자는 기본적으로 다주택자에 해당하므로 제한적으로 비과세 혜택을 누릴 수 있다. 이에 대해 알아보자. 주택에 대한 비과세제도는 크게 3가지 유형이 있다. 이러한 유형을 선별할 수 있는 능력이 있다면 주택 양도세는 의외로 쉽게 풀린다.

## 1. 거주지원

### 1) 1세대 1주택

통상 가족들이 1주택을 보유한 상태에서 거주를 한 후에 이를 양도하면 비과세를 적용한다. 다만, 다음과 같은 요건이 있다.

- 1세대가 1주택을 보유할 것
- 1주택을 2년 이상 보유할 것[1]
- 조정대상지역에서는 2년 이상 거주할 것(단, 2017. 8. 3 이후 취득분에 한함)
- 양도일 현재 실거래가액이 9억 원 이하일 것(9억 원 초과분은 일부 양도차익에 대해 과세)

이처럼 1세대 1주택의 경우라도 비과세 요건이 상당히 까다롭다. 특히 2년 이상의 보유요건은 연도별로 산정방법이 달라지는데, 특히 이 부분에 주의해야 한다.

| 구분 | 2020년 12월 31일 이전 | 2021년 1월 1일 이후 |
|---|---|---|
| 2년 이상 보유할 것 | 양도일 현재 2년 보유하면 족함. | 최종 1주택만 보유한 날로부터 2년 보유해야 비과세가 성립함. |
| 비고 | 다주택자에게 유리함. | 다주택자에게 불리함. |

예를 들어 2020년 말까지 3주택을 가지고 있는 상태에서 2021년을 맞이한 후에 2주택을 처분이나 증여, 임대등록, 법인에 양도 등을 통해 주택을 정리하고 1주택을 남겨두었다면 바로 비과세가 나오지 않는다. 2021년 이후부터는 최종 1주택만을 남겨둔 날로부터 2년 이상을 보유해야 하기 때문이다. 상당히 중요한 내용이 들어왔다.

### 2) 일시적 2주택

1주택자가 다른 주택을 구입해 일시적으로 2주택이 되는 경우가

---

[1] 2021년 이후부터 최종 1주택만을 보유한 날로부터 2년 이상 보유해야 한다.

있다. 이때에는 다음과 같은 비과세 요건을 두고 있다.

- 1세대가 일시적으로 2주택을 보유할 것
- 종전주택과 나중에 취득한 주택의 보유기간이 1년 이상일 것
- 종전주택은 나중에 취득한 주택의 취득일로부터 1~3년 내에 양도할 것
- 종전주택은 양도일 현재 1주택을 2년 이상 보유할 것
- 조정대상지역에서는 2년 이상 거주할 것(2017. 8. 3 이후 취득분)
- 새로운 주택(대체주택)을 취득한 날로부터 1년 내에 전입할 것 (2019년 12·16 대책)
- 양도일 현재 실거래가액이 9억 원 이하일 것(9억 원 초과분은 일부 양도차익에 대해 과세)

이렇게 보니 일시적 2주택 비과세제도는 앞의 것에 비해 더 복잡하다. 종전주택을 기한에 맞춰 양도해야 하고, 최근 전입의무도 생겼기 때문이다. 이를 좀 더 자세히 보면 다음과 같다.

| 구분 | 1년 내 처분(전입의무도 있음) 해야 하는 경우 | 2년 내 처분해야 하는 경우 | 3년 내 처분해야 하는 경우 |
|---|---|---|---|
| 의무 | 처분 및 전입 | 처분 | 처분 |
| 적용대상 | 조정대상지역 → 조정대상지역 | | 좌 외 |
| 적용시기 | 2019. 12. 17 이후 새로운 주택(대체주택)을 취득한 경우 | 2018. 9. 13 ~ 2019. 12. 16 사이에 새로운 주택(대체주택)을 취득한 경우 | |
| 예외 | 새로운 주택에 잔여 임대차계약이 있는 경우 최대 2년간 유예 | | |

## 2. 부득이한 상황에서의 지원

앞의 상황들과는 달리 부득이하게 2주택을 보유한 경우가 있다. 예를 들어 1주택을 보유하고 있는데, 주택을 상속받거나 부모님과 집을 합하면서 또는 혼인하면서 2주택을 보유하게 되었거나 농어촌에 주택을 보유하고 있는 경우 등이다.

이러한 상황에서는 과세를 할 것이 아니라, 별도의 규정을 둬 비과세를 적용하고 있다.

| 구분 | 비과세 요건 |
|---|---|
| 주택을 상속받은 경우 | 일반주택을 처분 시 비과세(처분기한 없음) |
| 동거봉양을 한 경우 | 합가일로부터 10년 내 처분 시 비과세 |
| 혼인을 한 경우 | 혼인일로부터 5년 내 처분 시 비과세 |
| 농어촌에 주택이 있는 경우 | 일반주택을 처분 시 비과세(귀농주택 취득 시 일반주택은 5년 내에 처분 시 비과세) |
| 재건축·재개발이 있는 경우 | 재건축 등에 따른 특례에 따름. |

## 3. 주택임대사업자 지원

### 1) 거주주택 비과세

앞의 첫 번째와 두 번째 규정이 일반적인 비과세규정이라면, 세 번째 규정은 주택임대사업자만을 위한 비과세규정에 해당한다. 세법은 주택임대업을 활성화하기 위해 주택임대사업자가 다음의 요건을 갖춘 상태에서 거주주택을 양도하면 비과세를 적용하고 있다.

| 구분 | 내용 | 비고 |
|---|---|---|
| 임대주택 | 세법상 임대요건을 충족해야 함(기준시가 6억 원 등, 임대의무기간 5년, 임대료 5% 증액제한 등). | |
| 거주주택 | 위 임대주택 외 1주택(일시적 2주택 포함)만 보유하고 이 주택의 보유기간 중 2년 이상 거주 | 단, 2019년 2월 12일 이후 양도분은 평생 1회만 비과세 가능 |

거주주택의 경우 2년 이상 거주하면 횟수에 관계없이 비과세를 적용했으나, 2019년 2월 12일 이후 양도분부터는 과거분 포함해 평생 동안 1회만 비과세를 적용한다. 다만, 경과규정으로 이 당시 거주하고 있는 주택과 거주주택을 취득하기 위해 계약한 경우에는 종전규정을 적용한다. 따라서 이 경우에는 생애 동안 2회 정도의 비과세를 받을 수 있다(이하 동일).

### 2) 거주요건 미적용

무주택자가 조정대상지역에서 취득한 주택을 임대등록한 경우 거주요건을 미적용한다. 다만, 이 규정은 2019년 12월 17일부로 삭제되었다.

**Tip 주택임대사업자에 대한 양도세 비과세 지원**

| 구분 | 내용 | 비고 |
|---|---|---|
| 거주주택 비과세 | 임대사업자의 거주주택 양도세 비과세 | 2019년 2월 12일 양도분은 과거분 포함해 평생 1회만 적용(최대 2회 가능) |
| 거주요건 미적용 | 임대사업자의 조정대상지역 내 거주요건 미적용 | 2019년 12월 17일 폐지 |

# 주택임대사업자의 임대주택에 적용되는 양도세 과세원리는 어떻게 되는가?

 주택임대사업자가 임대주택을 임대의무기간 후에 양도하는 경우에는 최종 1주택을 제외하고 양도세가 과세되는 것이 일반적이다. 하지만 정부는 민간 스스로 임대등록을 유도하기 위해 양도세에서 큰 혜택을 주어왔다. 그 내용은 장기보유특별공제율 확대적용, 중과세 적용배제, 양도세 감면 등이 바로 그것이다. 하지만 최근 이 제도가 공급량을 줄이고 재테크수단으로 변질되자 이에 대한 혜택을 대부분 축소시켰다. 독자들은 이러한 관점에서 이들의 양도세 과세문제를 이해해야 한다.

### 1. 주택임대사업자와 양도세 과세구조

 주택임대사업자의 양도세 혜택을 이해하기 위해서는 과세구조부터 살펴볼 필요가 있다. 다음 구조 중 세 군데('•' 표시된 곳)가

주택임대사업자와 관련이 있다.

| 구분 | 주택임대사업자 특례 | 근거법 |
|---|---|---|
| | 제7장 참조 | |
| 양도가액 | | |
| − | | |
| 취득가액 | | |
| − | | |
| 필요경비 | | |
| ▼ | | |
| 양도차익 | | |
| − | | |
| 장기보유특별공제 • | · 단기임대 : 6~30%+2~10%<br>· 장기임대 : 50~70% | '조특법' |
| ▼ | | |
| 양도소득금액 | | |
| − | | |
| 기본공제 | | |
| ▼ | | |
| 과세표준 | | |
| × | | |
| 세율 • | 중과세 적용배제 | '소득세법' |
| ▼ | | |
| 산출세액 | | |
| − | | |
| 감면세액 • | 양도세 100% 감면 | '조특법' |
| ▼ | | |
| 자진납부할 세액 | | |

(비과세 / 과세 구분)

## 2. 양도세 주요 계산요소

앞의 양도세 계산구조 중에서 중요한 3가지 요소를 좀 더 자세히 살펴보자. 구체적인 내용들은 뒤에서 살펴본다.

### 1) 장기보유특별공제

장기보유특별공제는 양도차익에 대해 법에서 정하고 있는 공제율을 곱해 적용한다. 공제율은 다음과 같다.

| 구분 | | 공제율 | 일몰 |
|---|---|---|---|
| '소득세법' | 일반 공제율 | 6~30% | 없음. |
| | 1주택(일시적 2주택 포함) 공제율 | 24~80%[2] | 없음. |
| | 중과세 대상 주택 | 0% | 없음. |
| '조특법' | 단기임대+6~10년 이상 임대 | 6~30%+2~10% | 2018. 3. 31(등록) |
| | 장기임대+8~10년 미만 임대 | 50% | 2022. 12. 31(등록) |
| | 장기임대+10년 이상 임대 | 70% | |

이 규정은 주로 '소득세법'에서 규정하고 있는데, 여기서는 6~30%를 적용하거나 0%를 적용하는 식으로 되어 있다. 이에 국세의 특례법인 '조특법'에서는 조세정책적인 목적으로 '소득세법'과는 무관하게 50~70% 등을 적용한다. 물론 '조특법'에서는 별도의 요건을 두고 있다. 이 특례공제율은 '소득세법'에 의해 0%를 적용

---

[2] 2020년은 2년 이상 거주, 2021년은 10년 이상 거주해야 80%를 공제받을 수 있을 전망이다.

받더라도 '조특법'상의 요건을 갖추면 이를 적용받을 수 있기 때문에 주택임대사업자들이 상당히 중요하게 생각하는 그런 제도에 해당한다.

참고로 장기보유특별공제는 해당 자산의 취득시점부터 양도일까지 발생한 양도차익에 대해 적용한다(바로 아래 '소득세법' 제95조 제4항 참조). 예를 들어 2010년에 취득한 주택을 2020년에 임대등록해서 2030년에 양도하는 경우, 전체 양도차익이 1억 원이라면 이에 70%의 공제율이 적용될 수 있다. 많은 이들이 혼동을 하고 있어서 특별히 언급했다.

④ 제2항에서 규정하는 자산의 보유기간은 그 자산의 취득일부터 양도일까지로 한다. 다만, 제97조의2 제1항의 경우에는 증여한 배우자 또는 직계존비속이 해당 자산을 취득한 날부터 기산(起算)하고, 같은 조 제4항 제1호에 따른 가업상속공제가 적용된 비율에 해당하는 자산의 경우에는 피상속인이 해당 자산을 취득한 날부터 기산한다.

## 2) 세율

세율은 크게 일반세율과 중과세율로 구분된다.

| 구분 | 세율 | 비고 |
|---|---|---|
| 일반세율 | 보유기간에 따른 세율(50%, 40%, 6~42%) | |
| 중과세율 | · 2주택 중과세 : 6~42%+10%<br>· 3주택 중과세 : 6~42%+20%<br>※ 한시적 중과세 적용배제(12·16대책) | · 원칙 : 주택임대업 등록 시 적용배제<br>· 예외 : 2018. 9. 14 이후 취득분은 제외(조정대상지역) |

참고로 주택에 대해 중과세가 적용되는 경우, '소득세법'상의 장기보유특별공제는 적용배제되나, '조특법'에 의해서는 적용 가능하다. 따라서 다음과 같은 조합이 가능하다.

| 세율 | 장기보유특별공제 | 비고 |
|---|---|---|
| 중과세율 | 0% | 일반적인 경우 |
| 중과세율 | 50% 또는 70% | '소득세법'상 중과세율이 적용되는 상황에서 장기로 임대등록해서 '조특법'상 장특공을 받을 수 있는 경우 |

### 3) 감면

양도세 감면은 산출세액의 일부나 전부를 경감하는 제도로 다음과 같이 적용되고 있다. 이러한 감면은 모두 '조특법'에서 규정하고 있다.

| 구분 | 요건 | 일몰 |
|---|---|---|
| 미분양주택 등에 대한 감면 | 수시로 발표 | 수시 |
| 주택임대사업자에 대한 감면(100%) | · 전용면적 : 85㎡ 이하<br>· 기준시가 : 6·3억 원 이하(2018. 9. 14 이후 취득)<br>· 임대의무기간 : 10년<br>· 임대료 상한 률 : 5% | 2018. 12. 31<br>(이전 계약분 포함) |

참고로 주택을 장기로 임대등록한 후 10년 이상 임대하면 양도세 100%를 감면하는 제도는 2018년 12월 31일 취득분(이전 계약분 포함)까지만 적용하므로, 2020년 기준으로 볼 때에는 앞의 장기보유특별공제 특례 정도만 남아 있다고 봐도 된다.

## 03 주택임대사업자의 비임대주택과 임대주택에 대한 비과세와 과세방식은 어떻게 적용되고 있는가?

앞의 내용들을 보건대 주택임대업에 대한 양도세 비과세와 과세는 일정한 원리에 따라 적용이 되고 있다. 일단 다음의 표를 보자.

| 임대주택 | 임대주택 외 |
| --- | --- |
| 1채 이상 | · 1주택<br>· 일시적 2주택<br>· 일시적 2주택 외 |

기본적으로 주택임대사업자는 다주택자에 해당한다. 따라서 그들이 보유하고 있는 주택을 처분하면 양도세를 과세하는 것이 원칙이다. 하지만 정부는 주택임대업의 활성화를 위해 이들이 자발적으로 임대등록을 하도록 다양한 방법으로 양도세 감면 등을 시행했다. 하지만 최근 이러한 혜택으로 인해 부작용이 연출되자 세제혜택을 없애는 쪽으로 입법이 진행해왔다. 비임대주택과 임대주

택에 대한 양도세 비과세와 과세원리를 검토해보자.

### 1. 비임대주택(거주주택 등)

임대사업자가 보유한 비임대주택은 다음과 같이 과세방식이 결정된다.

| 구분 | 과세방식 | 비고 |
|---|---|---|
| ① 1주택 보유 시 | 비과세 가능 | 단, 2년 이상 거주 등 요건을 갖춰야 함. |
| ② 2주택 보유 시 | 일시적 2주택 비과세 가능 | |
| ③ 3주택 이상 보유 시 | 비과세 가능성 거의 없음. | |

앞의 ①의 경우, 임대주택을 제외한 1주택은 실수요자로 봐서 비과세를 적용하고 있다. 다만, 무분별한 감면을 억제하기 위해 전국적으로 2년 이상 거주를 요하고 있다. 여기서 특이한 것은 이 주택이 실거래가액 9억 원이 넘는 고가주택에 해당하는 경우에는 일부 양도차익에 대해서는 과세가 되는데, 이때 임대주택을 포함해 2주택 이상이 되는 경우에는 중과세의 적용 가능성도 있다는 점이다. 거주주택이 고가주택인 경우에는 과세방식이 독특하기 때문에 2주택자도 주의할 필요가 있다. ②의 경우 임대주택을 제외한 비임대주택이 일시적 2주택에 해당하면 역시 비과세가 가능하다. 하지만 일시적 2주택에 대한 비과세는 처분기한(3년, 2년, 1년)이 새로운 주택의 취득시기별로 달라지므로 이 부분을 잘 맞춰야 비과세를 받을 수 있게 된다. 또한 2021년 이후부터는 1주택을 보유한 날로부터 2년

이상 보유해야 보유기간을 충족한 것으로 본다는 점, 그리고 2019년 2월 12일 이후 취득분은 평생 1회만 거주주택에 대한 비과세가 허용된다는 점도 변수에 해당하므로 정교한 검토가 필요하다. ③의 경우에는 사실상 비과세의 가능성이 없어지므로 주택 수를 줄이는 작업부터 서두를 필요가 있다.

## 2. 임대주택

임대사업자가 등록한 임대주택은 '민간임대주택법'상의 감시를 받게 된다. 대표적으로 임대료를 마음대로 올리지 못하고, 의무적으로 임대기간을 채워야 한다. 이에 세법은 법상 의무를 충실한 사업자들을 대상으로 각종 세제혜택을 주는데, 대표적인 것이 바로 임대주택에 대한 종부세 합산배제와 양도세 중과세 제외, 장기보유특별공제 특례, 양도세 100% 감면 등이다. 다만, 이러한 감면은 각 세법에서 정하고 요건을 모두 충족해야 받을 수 있다는 점에 유의해야 한다. 따라서 감면요건을 모두 충족한 경우라면 취득세, 재산세, 종부세, 종합소득세(건강보험료 포함), 양도세에서 감면혜택을 누릴 수 있다.

참고로 주택임대사업자의 입장에서는 양도세를 줄이는 것이 중요한데, 이는 앞에서 본 양도세 계산구조 중 장기보유특별공제, 양도세 세율, 감면 등 3가지를 유리하게 받는 것이 좋다. 즉 장기보유특별공제를 70% 받는 한편, 양도세 세율을 중과세 세율이 아닌 일반세율을 적용받는 것이다. 이외 양도세 세율을 유리하게 받는 한편, 100% 감면을 받는 것도 좋은 대안이 된다.

| 심층 분석 | 임대주택을 거주주택으로 전환하는 경우 과세와 비과세는 어떻게 정할까? |

임대주택을 등록한 후 임대의무기간을 충실히 이행했다고 하자. 이 경우 다음과 같은 고민이 있을 수 있다.

① 계속 임대를 할 것인가?
② 처분을 할 것인가?
③ 거주주택으로 전환해서 거주할 것인가? 등이다.

이러한 안들 중 ①과 ②의 경우에는 세무상 쟁점이 크게 등장하지 않는다. ①의 경우에는 임대가 종료되는 날까지 임대료 증액제한 요건만 준수하면 지속적인 감면이 적용되기 때문이다. 그리고 ②의 경우에는 관할 지자체에 양도신고서와 관할 세무서에 양도소득세 신고서를 제출하면 사실상 주택임대사업자로서의 역할이 끝나게 된다. 하지만 ③의 경우에는 다양한 쟁점들이 발생할 수 있다.

① 전환 임대주택이 1세대 1주택이면 전체 양도차익에 대해 비과세를 받을 수 있는가?
② 전체 양도차익에 대해 비과세를 받을 수 없다면 어떤 식으로 비과세 금액이 정해질까?
③ 전환 임대주택이 1세대 1주택인데 마침 고가주택에 해당하면 과세방식은 어떻게 될까?

이들에 대해 살펴보자.
임대한 주택을 거주주택으로 전환하는 경우, 전환한 날 이후는 일반주택에 해당하므로 일반주택에 대한 비과세 규정을 적용하는 것이 맞다. 따라서 세법은 전체 양도소득금액에 대해 비과세를 적용하지 않고, 직전 거주주택의 양도일 이후에 발생한 양도소득금액에 대해 비과세를 적용한다. 따라서 다음과 같은 계산절차를 거치게 된다.

· 임대주택의 취득일부터 양도일까지에 발생한 전체 양도차익을 계산한다.
· 세법에서 정하고 있는 장기보유특별공제율을 적용한다. 이 공제율은 0~80%까지 적용 가능하다. 만일 이 주택이 고가주택에 해당하면 최고 80%의 공제율이 적용될 수 있다.
· 양도차익에서 장기보유특별공제액을 차감해서 양도소득금액을 계산한다.
· 이 양도소득금액을 직전 거주주택의 양도일 전과 이후의 금액으로 안분한다. 안분하는 계산식은 '소득세법 시행령' 제161조(뒤에서 자세히 본다)에서 정하고 있다.

참고로 일반주택으로 전환한 임대주택이 2채 이상인 경우에는 비과세를 받기가 힘들어진다. 따라서 이 경우에는 비과세를 받을 수 있게 대비를 해둬야 한다. 다만, 2021년 이후부터 최종 1주택만을 남긴 날로부터 2년 이상 보유를 해야 비과세가 성립해야 하므로 주택 수 조절을 잘해야 비과세를 받을 수 있게 된다.

# 제7장

# 주택임대사업자의
# 거주주택 양도세 비과세

# 주택임대사업자는 거주주택에 대한 비과세를 어떻게 받을까?

주택임대사업자는 기본적으로 다주택자에 해당한다. 따라서 앞에서 살펴본 일반규정인 1세대 1주택 등에 대한 비과세를 받기가 사실상 힘들어진다. 따라서 대부분 과세가 되는 것이 원칙이다. 하지만 정부는 임대주택등록을 유인하기 위해 임대주택 외의 거주주택이 1채인 경우 비과세를 적용하고 있다. 다만 2019년 2월 12일 이후 취득분에 대해서는 거주한 주택 1회에 대해서만 비과세를 적용한다. 이에 대해 알아보자.

### 1. 거주주택 비과세 관련 규정

먼저 주택임대사업자의 거주주택에 대한 비과세 내용을 담고 있는 '소득세법 시행령' 제155조 규정을 분석해보자. 단, 편의상 규정 일부를 수정했으며, 장기어린이집에 대한 특례는 분석에서 제외한다.

⑳ 제167조의3 제1항 제2호 가목부터 바목까지의 규정에 따른 주택(이하 "장기임대주택"이라 한다)과 그 밖의 1주택을 국내에 소유하고 있는 1세대가 각각 제1호와 제2호의 요건을 충족하고 해당 1주택(이하 "거주주택"이라 한다)을 양도하는 경우(장기임대주택을 보유하고 있는 경우에는 생애 한 차례만 거주주택을 최초로 양도하는 경우에 한정한다)에는 국내에 1개의 주택을 소유하고 있는 것으로 보아 제154조 제1항을 적용한다. 이 경우 해당 거주주택이 민간임대주택으로 등록하고 그 보유기간 중에 양도한 다른 거주주택(양도한 다른 거주주택이 둘 이상인 경우에는 가장 나중에 양도한 거주주택을 말한다. 이하 "직전거주주택"이라 한다)이 있는 거주주택(민간임대주택으로 등록한 사실이 있는 주택인 경우에는 1주택 외의 주택을 모두 양도한 후 1주택을 보유하게 된 경우에 한정한다. 이하 "직전거주주택보유주택"이라 한다)인 경우에는 직전거주주택의 양도일 후의 기간분에 대해서만 국내에 1개의 주택을 소유하고 있는 것으로 보아 제154조 제1항을 적용한다(2019. 02. 12 개정).[1]

1. 거주주택 : 보유기간 중 거주기간(직전거주주택보유주택의 경우에는 관할 지자체와 세무서에 임대사업자등록을 한 날 이후의 거주기간을 말한다)이 2년 이상일 것(2019. 02. 12 개정)
2. 장기임대주택 : 양도일 현재 민간임대주택으로 등록하여 임대하고 있으며, 임대보증금 또는 임대료의 연 증가율이 100분의 5를 초과하지 않을 것(2019. 02. 12 개정)

㉑ 1세대가 장기임대주택의 임대기간 요건을 충족하기 전에 거주주택을 양도하는 경우에도 해당 임대주택을 장기임대주택으로 보아 제20항을 적용한다.[2]

앞의 내용을 분석해보자.

---

1) 거주주택에 대해 양도세 비과세를 적용받으면 비과세 받을 당시의 임대주택에 대해서는 비과세를 제한하겠다는 의미가 있다. 중복 혜택을 방지하는 규정으로 봐도 된다.
2) 거주주택 양도세 비과세 규정은 임대 중에 적용한다. 물론 사후적으로 임대의무기간 등을 충족해야 한다.

## 2) 장기임대주택과 거주주택에 대한 요건

장기임대주택과 그 밖의 1주택 등 2주택(일시적 2주택 포함)을 소유한 경우로써 거주주택을 양도하면 1세대 1주택으로 봐서 양도세 비과세를 적용한다. 이때 장기임대주택과 거주주택은 세법에서 정한 요건을 갖춰야 한다.

### (1) 장기임대주택

① '소득세법 시행령' 제167조의 3 제1항 제2호 가목부터 바목까지의 규정에 따른 주택에 해당할 것

여기서는 다음과 같이 요건을 별도로 정하고 있다.

· 거주자에 해당할 것
· 지자체와 세무서에 등록할 것(단기와 장기를 불문한다)
· 5년 이상 임대할 것
· 기준시가가 주택의 임대개시일 당시 6억 원(수도권 밖의 지역인 경우에는 3억 원)을 초과하지 않을 것

② 양도일[3] 현재 민간임대주택으로 등록해 임대하고 있으며, 임대보증금 또는 임대료의 증가율이 100분의 5를 초과하지 않을 것

이 규정에서 주의할 것은 거주주택 비과세는 임대주택을 임대 중일 때만 적용한다는 것이다. 따라서 임대 중에 거주주택을 양도해야 한다. 만일 5년 임대를 하고 폐업한 이후에 거주주택을 양도하

---

3) 거주주택의 양도일을 말한다.

면 비과세를 받을 수 없게 된다. 한편 임대료 증액제한 규정도 양도일 현재를 기준으로 한다고 해석되므로 임대가 종료될 때까지 이 규정을 지키도록 한다.

#### (2) 거주주택

거주주택은 전체 보유기간 중 2년 이상 거주해야 한다(둘 이상의 거주주택을 양도 시에는 임대사업자등록을 한 날 이후의 거주기간). 따라서 최초 거주주택은 임대등록 전에 거주한 기간도 통산한다.

### 3) 비과세 횟수 제한

거주주택에 대한 양도세 비과세는 생애 한 차례만 거주주택을 최초로 양도하는 경우로 한정한다. 다만, 이 규정은 2019년 2월 12일 이후 양도분에 대해 적용한다(아래 각주 경과규정에 따라 최대 2회 가능).[4] 만일 2019년 2월 12일 전에 거주주택 비과세를 받은 경우에는 2019년 2월 12일 이후부터는 더 이상 거주주택에 대한 비과세를 받을 수 없다고 한다(이 부분은 다툼의 여지가 있음).

참고로 거주주택에 대한 비과세 1회 제한 규정은 2019년 2월 12

---

4) '소득세법 시행령' 부칙[대통령령 제29523호] 제7조[주택임대사업자 거주주택 양도세 비과세 요건에 관한 적용례 등]
  ① 제154조 제10항 제2호 및 제155조 제20항(제2호는 제외한다)의 개정규정은 이 영 시행 이후 취득하는 주택부터 적용한다.
  ② 다음 각 호의 어느 하나에 해당하는 주택에 대해서는 제154조 제10항 제2호, 제155조 제20항(제2호는 제외한다)의 개정규정 및 이 조 제1항에도 불구하고 종전의 규정에 따른다.
    1. 이 영 시행 당시 거주하고 있는 주택
    2. 이 영 시행 전에 거주주택을 취득하기 위해 매매계약을 체결하고 계약금을 지급한 사실이 증빙서류에 의해 확인되는 주택

일 이후 양도분부터 적용하는데, 이때 어떤 주택에 대해 이를 적용하는지에 대해 명확한 규정이 없다. 다만, '소득세법 시행령' 제23조에서는 거주주택 비과세를 받으려는 자는 첨부서류를 통해 신고하도록 하고 있는 점 등으로 보건대, 임대사업자가 선택해 비과세로 신고할 수 있는 것으로 해석된다.

### 4) 임대주택을 거주주택으로 전환하는 경우

임대주택을 5년 이상 임대한 경우 그 주택을 거주주택으로 전환해 1주택만을 남긴 경우가 있다. 이 경우에는 1세대 1주택에는 해당하나 직전 거주주택에 대해 비과세를 받았기 때문에 직전 거주주택의 양도일 이후에 발생한 양도차익에 대해서만 비과세를 적용한다. 따라서 전체 양도소득금액을 가지고 과세되는 부분과 비과세되는 부분으로 안분계산해야 한다.[5]

## 2. 거주주택 비과세 사후관리(비과세 적용배제)

거주주택 비과세제도는 주택임대사업자에게는 메리트가 상당히 큰 제도에 해당한다. 다주택자에 해당함에도 불구하고 자신이 거주하고 있는 거주주택에 대해 전액 비과세를 받을 수 있기 때문이다. 물론 이 주택이 고가주택에 해당하는 경우에는 차익의 일부에 대해서만 비과세를 받을 수 있다(만일 고가주택이 중과세 대상 주택인 경우에는 3주택 중과세가 적용될 수 있음에 유의해야 한다).

---

5) 이에 대해서는 '소득세법 시행령' 제161조[직전거주주택보유주택 등에 대한 양도소득금액 등의 계산] 규정을 참조해야 한다.

그런데 이러한 거주주택에 대한 비과세를 받은 후 임대의무기간을 지키지 못하면 세금을 추징하는데 이에 유의할 필요가 있다. 이러한 사후관리에 대한 내용은 '소득세법 시행령' 제22조에서 규정하고 있다.

> ㉒ 1세대가 제21항을 적용받은 후에 임대기간 요건을 충족하지 못하게 된(장기임대주택의 임대의무호수를 임대하지 아니한 기간이 6개월을 지난 경우를 포함한다) 때에는 그 사유가 발생한 날이 속하는 달의 말일부터 2개월 이내에 제1호의 계산식에 따라 계산한 금액을 양도세로 신고·납부해야 한다. 이 경우 제2호의 임대기간 요건 및 운영기간 요건 산정특례에 해당하는 경우에는 해당 규정에 따른다.
> 1. 생략
> 2. 임대기간 요건 및 운영기간 요건 산정특례
>     가. 수용 등 기획재정부령으로 정하는 부득이한 사유(수용 및 상속)로 해당 임대기간 요건 또는 운영기간 요건을 충족하지 못하게 되거나 임대의무호수를 임대하지 아니하게 된 때에는 해당 임대주택을 계속 임대하는 것으로 본다.
>     나. 재건축사업, 재개발사업 또는 소규모재건축사업의 사유가 있는 경우에는 임대의무호수를 임대하지 아니한 기간을 계산할 때 관리처분계획인가일 등 전 6개월부터 준공일 후 6개월까지의 기간은 포함하지 아니한다.

앞의 내용을 요약하면 다음과 같다.

- 임대의무호수를 임대하지 아니한 기간이 6개월이 지나지 않아야 한다.[6]

---

[6] 해당 공실기간은 '기존 임차인의 퇴거일부터 다음 임차인의 입주일까지의 기간'으로 보는 것이 타당한 것으로 판단되며, 매 임대차를 할 때마다 위 공실기간이 6개월을 초과하지 않으면 되는 것으로 판단된다. 구체적인 것은 유권해석을 받아서 처리하기 바란다.

- 수용 및 상속의 경우에는 계속 임대한 것으로 본다.
- 재건축 등의 경우 관리처분계획인가일 6개월~준공일 후 6개월까지는 임대하지 않더라도 임대하지 아니한 기간에 포함하지 않는다.

## Tip 임대사업자의 거주주택 비과세 적용 요건 요약

| 구분 | 내용 | 비고 |
| --- | --- | --- |
| 임대주택 | · 지자체에 민간임대주택으로 등록(4년 또는 8년)할 것<br>· 세무서에 사업자등록을 할 것<br>· 주택의 기준시가가 임대개시일 당시 6억 원(수도권 밖은 3억 원)을 초과하지 아니할 것<br>· 등록 후 5년 이상 임대할 것<br>· 임대료 5% 증액제한 요건을 충족할 것 | 평생 1회로 제한 |
| 거주주택 | · 1세대 1주택(일시적 2주택 포함)에 해당할 것<br>· 2년 이상 보유할 것<br>· 2년 이상 거주할 것 | 등록 전에 거주한 것도 인정 |

참고로 위 거주주택이 고가주택인 경우에는 과세판단을 잘 해야 한다. 임대주택 외 주택이 일시적 2주택에 해당되어 주택 수가 3채 이상이 되면 3주택 중과세의 가능성이 있기 때문이다. 임대주택은 비과세 판단할 때에는 주택 수에서 제외되지만, 중과세 판단할 때에는 주택 수에 포함되기 때문에 이러한 현상이 발생한다. 이외에도 임대주택이 2채이고, 나머지 한 채가 고가인 거주주택의 경우에도 중과세를 적용하는 일들이 벌어지고 있다. 실제 요즘 이와 관련해 세금추징을 받는 일들이 많아지고 있으므로 주의하기 바란다(관련 예규 : 양도, 사전-2019-법령해석재산-0368[법령해석과-2887(2019. 11. 1)]).

# 주택임대사업자가 일시적 2주택 비과세를 받기 위한 조건은 무엇인가?

주택임대사업자가 임대주택 외에 거주주택 1채를 보유하고 있다고 하자. 이런 상황에서 다른 주택 1채를 더 취득할 수가 있다. 그렇다면 이 경우 비과세와 과세방식은 어떻게 될까? 이하에서 이에 대해 정리해보자.

## 1. 임대주택+일시적 2주택 비과세가 성립하는 경우

주택임대사업자들도 자신의 거주주택에 대해 일시적 2주택 비과세 특례를 받을 수 있다. 다만, 다음과 같은 요건들을 충족해야 한다.

### 1) 장기임대주택
앞에서 본 것처럼 다음의 요건을 충족해야 한다.

- 지자체에 민간임대주택으로 등록(4년 또는 8년)할 것
- 세무서에 사업자등록을 할 것
- 주택의 기준시가가 임대개시일 당시 6억 원(수도권 밖은 3억 원)을 초과하지 아니할 것
- 등록 후 5년 이상 임대할 것
- 임대료 5% 증액제한 요건을 충족할 것

### 2) 거주주택

원칙으로 전체 보유기간(등록 전도 인정) 중 2년 이상을 거주해야 한다. 다만, 2회 이상 거주주택을 양도 시에는 나중의 거주주택은 등록일 이후의 거주기간만 인정한다. 한편 일시적 2주택의 경우 다음과 같은 요건이 추가된다.

- 새로운 주택의 취득일로부터 1~3년 내에 양도할 것
- 2년 이상 보유할 것[7]

### 3) 새로운 주택

일시적 2주택 비과세를 받기 위해서는 새로 구입한 주택은 다음과 같은 요건을 별도로 충족해야 한다.

- 거주주택 취득일로부터 1년 이후에 취득해야 한다.
- 새로운 주택 취득일로부터 1년(임대차계약이 남아 있는 경우에는 최대 2년간 유예) 내에 이 주택으로 전입해야 한다(단, 2019년 12월 17일 이후 조정대상지역 내 취득분에 한함).

---

[7] 2021년부터는 보유기간 기산일 산정방법이 달라진 것을 주의해야 한다.

※ 거주주택이 고가주택인 경우

임대주택 외 거주주택이 일시적 2주택에 해당하는 경우 양도차익 중 일부는 비과세가 가능하나, 과세되는 차익은 중과세가 적용될 수 있다. 3주택 중과세의 경우 임대주택을 포함해 중과세 판단을 하기 때문이다. 참고로 임대주택이 없는 일시적 2주택 상태에서는 중과세가 적용되지 않는다. 일시적 2주택 상태에서는 3년 내에 처분하면 중과세를 적용하지 않기 때문이다.

## 2. 임대주택+일시적 2주택 비과세가 성립하지 않은 경우

임대주택 외 일반주택들이 일시적 2주택 비과세가 성립하지 않으면 다음과 같은 과세방식이 성립한다.

### 1) 일반주택이 2주택인 상태에서 1주택 처분 시

이 경우에는 3주택 이상 자에 해당되어 양도세가 무조건 과세되며, 이때 일반과세 또는 중과세 판단을 해야 한다.

### 2) 일반주택 1채 처분 후 거주주택 양도 시

임대주택 외 거주주택만 있으므로 이 경우 다음과 같은 논리가 성립한다.

· 2020년 12월 31일 이전에 거주주택을 양도하면 비과세가 가능하다. 물론 거주주택에서는 2년 이상 거주를 했어야 한다. 이외에도 2019년 2월 12일 당시의 거주주택이거나 2월 12일 이후 양도분으로써 비과세되는 1회분에 해당되어야 한다.

· 2021년 1월 1일 이후에 거주주택을 양도하면 1주택 보유한 날로부터 2년 이상을 더 보유한 후에 양도해야 비과세를 받을 수 있다. 비과세 보유기간 산정방법 변경에 따른 것이다.[8]

> **Tip 임대주택 외 일반주택이 일시적 2주택인 경우**
>
> 임대주택 외 일반주택이 일시적 2주택인 경우 비과세와 과세판단은 주의해야 할 필요가 있다.
>
> **1. 비과세가 가능한 경우**
> 일시적 2주택이 비과세가 가능한 경우에는 아래와 같이 세금관계가 형성된다.
>
> ① 고가주택이 아닌 경우
> 비과세 대상 주택이 실거래가 9억 원 이하인 경우에는 양도차익 전체 대해 비과세가 성립한다.
>
> ② 고가주택인 경우
> 비과세 대상 주택이 실거래가액 9억 원 초과 시에는 양도차익 중 일부는 과세된다. 이 경우 과세되는 양도차익에 대해서는 3주택에 대한 중과세 적용 판단을 해야 하는데, 이때 임대주택을 포함해 판단한다. 등록한 임대주택은 비과세 판단 때에는 주택 수에서 제외되지만, 중과세 판단할 때에는 주택 수에 포함되기 때문이다. 따라서 위 주택이 조정대상지역 내에 소재해 중과세가 적용되면 장기보유특별공제율은 0%가 되고, 세율은 6~42%+20%p가 적용된다(중과세 적용 배제 시에는 장기보유특별공제율은 6~30% 또는 24~80%, 세율은 6~42%가 적용된다).
>
> **2. 비과세가 불가능한 경우**
> 일반과세 또는 중과세가 적용될 수 있다. 따라서 이에 대한 판단을 정확히 내려야 한다.

---

8) 주택임대사업자의 거주주택에 대한 일시적 2주택 비과세 받기가 상당히 힘들어졌다. 저자와 상의하기 바란다.

## Tip 일반 비과세 규정과 주택임대사업자에 대한 비과세 특례규정의 비교

일반적인 비과세 규정과 비교해볼 때 여러 가지 측면에서 차이가 나고 있다.

| 구분 | 일반 비과세규정 | 주택임대사업자에 대한 특례규정 |
|---|---|---|
| 근거조항 | '소득세법' | '소득세법' |
| 비과세 대상 주택 수 | 1세대 1주택, 일시적 2주택 | 좌동 |
| 비과세 대상 주택의 요건 | · 2년 이상 보유(특정 지역은 2년 거주)<br>· 일시적 2주택은 1~3년 내 처분 등 조건 추가 | 2년 거주요건(전국) |
| 임대주택에 대한 요건 | 없음. | · 등록일 당시 기준시가 6억/3억 원 이하<br>· 5년 이상 임대<br>· 임대료 증액제한 준수 |
| 비과세 횟수 | 무한정 | 평생 1회(2019. 2. 12 이후) |

앞에서 보면 주택임대사업자의 거주주택에 대한 양도세 비과세는 일반적인 양도세 비과세 요건과 임대사업자의 거주주택 비과세 특례요건이 결합되어 적용되므로, 다른 규정에 비해 비과세 요건이 복잡한 편이다. 따라서 일반 규정의 비과세 규정이 바뀌면 이 부분도 이해해야 주택임대사업자에 대한 세무판단을 정확히 내릴 수 있게 된다.

※ 두 개 동시에 적용되는 경우

일시적 2주택자에게 일반규정에 의해 비과세가 적용되는 한편, 주택임대사업자로서의 거주주택에 대해 비과세가 적용 가능한 경우에는 일반규정에 의한 비과세를 선택해서 받으면 된다.[9]

---

9) 저자의 카페로 문의하면 바로 상담을 받을 수 있다.

## 03 거주주택 비과세를 받은 후 임대주택을 양도하는 경우의 과세방법은?

이제 거주주택에 대한 양도세 비과세를 받은 후에, 임대의무기간을 마친 임대주택을 처분한다고 하자. 이때 발생하는 세무상 쟁점들은 다음과 같이 정리된다.

· 의무를 다한 임대주택이 1채 있는 경우 비과세는 어떻게 적용될까? 그리고 장기보유특별공제를 포함한 과세방식은?
· 의무를 다한 임대주택이 2채 이상이 있는 경우 비과세는 가능할까? 가능하지 않다면 과세방식은 어떻게 될까?

일단 2가지 정도의 궁금증을 먼저 해결해보자.

### 1. 임대임대기간이 끝난 주택 1채만 보유하고 있는 경우

이는 외견상 1세대 1주택에 해당한다. 따라서 원래 2년 이상 보유 등의 요건을 갖추면 비과세를 적용하는 것이 맞다. 하지만 주택임대사업자의 경우에는 좀 특별하다. 거주주택의 양도일 이후에 발생한 양도차익에 대해서만 비과세를 적용하기 때문이다. 이게 무슨 말이고, 왜 이런 규정을 두었을까?

원래 주택임대사업자들은 다주택자에 해당하므로 거주주택에 대해서도 비과세를 받을 수 없다. 하지만 등록을 유도하기 위해 요건을 충족한 거주주택에 대해 비과세를 적용해준다. 그런데 임대의무기간이 지난 임대주택이 1주택인 경우, 전체 양도차익에 대해 비과세를 적용하면 너무 과도한 혜택이 된다. 그래서 별도의 과세방식이 등장하게 되었다.

예를 들어 보자. 다음과 같은 상황에서 임대주택을 5년 임대한 후 2021년 1월 1일에 1세대 1주택 상태에서 양도하면 어떻게 과세되는가?

| 구분 | 취득 | | | 양도 | | 양도소득금액 |
|---|---|---|---|---|---|---|
| | 취득시기 | 기준시가 | 임대등록일 | 양도시기 | 기준시가 | |
| 거주주택 | 2013. 1. 1 | 1억 원 | - | 2020. 1. 1 | 2억 원 | 5억 원 |
| 임대주택 | 2015. 1. 1 | 2억 원① | 2016. 1. 1 | 2021. 1. 1 | 5억 원③ (2020. 1. 1. 4억 원②) | 4억 원 |

이에 대한 판단을 순차적으로 내려 보자.

첫째, 임대주택의 전체 양도소득금액을 계산한다.

여기서 양도소득금액은 양도차익에서 장기보유특별공제를 차감해서 계산한다. 따라서 해당 임대주택의 취득일로부터 양도일까지를 기준으로 '소득세법'과 '조특법'에서 정하고 있는 공제율(0%, 6~30%, 50%, 70% 등)을 정확히 적용한 후에 이를 계산해야 한다(고가주택인 임대주택은 별도 검토 요망). 사례의 경우 이 소득금액으로 4억 원이 미리 주어졌다.

둘째, 거주주택의 양도일 전에 발생한 양도소득금액에 대해서만 과세를 적용하고(∵ 이중혜택 방지), 그 이후에 발생한 소득금액에 대해서는 비과세를 적용한다. 이 경우 다음과 같은 식을 이용해 계산한다.[10]

· 과세대상 임대주택 양도소득금액

$$= \text{임대주택의 전체 양도소득금액} \times \frac{\text{거주주택 양도당시의 임대주택 기준시가} - \text{임대주택 취득 당시의 기준시가}}{\text{임대주택 양도당시의 기준시가} - \text{임대주택 취득 당시의 기준시가}}$$

$$= 4억 원 \times \frac{4억 원(②) - 2억 원(①)}{5억 원(③) - 2억 원(①)} = 4억 원 \times \frac{2억 원}{3억 원} = 2억 6,666만 원$$

---

10) '소득세법 시행령' 제61조에서 다음과 같이 규정하고 있다.
양도소득금액×[직전거주주택(A)의 양도 당시 직전거주주택보유주택(B) 등의 기준시가−직전거주주택보유주택(B) 등의 취득 당시의 기준시가]÷[직전거주주택보유주택(B) 등의 양도 당시의 기준시가−직전거주주택보유주택(B) 등의 취득 당시의 기준시가]
* 임대주택을 B, 거주주택을 A로 가정한 계산식임.

셋째, 양도세는 다음과 같이 계산한다.

| 구분 | 금액 | 비고 |
|---|---|---|
| 양도차익 | - | |
| -장기보유특별공제 | - | |
| =양도소득금액 | 2억 6,666만 원 | 위 산식의 적용 결과 |
| -기본공제 | 250만 원 | |
| =과세표준 | 2억 6,416만 원 | |
| ×세율 | 38% | |
| -누진공제 | 1,940만 원 | |
| =산출세액 | 80,980,800원 | |

## 2. 2주택 이상을 보유하는 경우

임대의무를 다한 임대주택이 2주택 이상인 경우에는 먼저 양도한 주택은 과세, 최종 남은 1주택은 비과세가 가능하다. 이 경우 과세방식은 앞의 내용과 같다.

> **Tip** 임대의무기간이 끝난 후 임대주택에서 본인이 거주하는 경우
>
> 주택임대사업자가 법에서 정한 임대의무기간을 모두 채운 후 등록을 말소하고, 이 주택(전환주택)에서 거주한 후 이를 양도할 경우, 세법을 어떤 식으로 적용받는지 이에 대해 많이 혼란이 있다. 이 부분을 정리해보자.
>
> 첫째, 거주주택에 대한 비과세를 받지 않은 상태에서 임대주택을 거주주택으로 전환한 후에 직전 거주주택을 양도하면 비과세가 가능할까?
>
> 거주주택에 대한 비과세는 거주주택의 양도일 현재 임대주택을 등록하고 있어야 한다. 따라서 임대주택을 거주주택으로 전환한 후에 직전 거주주택을 양도하면 이에 대해서는 비과세가 박탈된다. 주의하기 바란다.
>
> 둘째, 거주주택에 대해 비과세를 받은 후라면 이에 대해 비과세가 추징되는가?
>
> 임대주택의 임대 중에 거주주택에 대해 비과세를 받았다면 이에 대해서는 세금 추징이 없다.

> **Tip** 임대주택을 거주주택으로 전환한 경우로써 비과세 적용 시 거주요건이 적용될까?
>
> 일단 거주주택으로 전환한 임대주택이 1주택에 해당하면 일부의 양도차익에 대해 비과세가 가능하다. 이때 거주요건 적용 여부는 다음과 같이 판단하면 될 것으로 보인다(유권해석 필요).
> - 2019년 12월 17일 이전 전환한 주택 : 거주요건이 필요 없다. 1주택자가 임대 등록을 한 경우에는 거주요건을 적용하지 않기 때문이다.
> - 2019년 12월 17일 후에 전환한 주택 : 조정대상지역의 경우 거주요건이 필요할 것으로 보인다. 단, 거주요건은 2017년 8월 3일 이후에 조정대상지역에서 취득한 주택에 한해서 적용된다.

# 거주주택 양도세 비과세 신고방법은?

일반적으로 양도세가 비과세되는 경우에는 거주지 관할 세무서에 신고하지 않더라도 문제가 없다. 가산세를 부과하지 않기 때문이다. 하지만 주택임대사업자의 거주주택에 대한 비과세는 미리 신고를 하도록 하고 있다. 이에 대해 알아보자.

### 1. 거주주택 양도세 비과세 신고

'소득세법 시행령' 제155조 제23항에서는 다음과 같이 거주주택에 대한 신고방법을 제시하고 있다.

> ㉓ 제20항을 적용받으려는 자는 거주주택을 양도하는 날이 속하는 과세기간의 과세표준신고서와 기획재정부령으로 정하는 신고서에 다음 각 호의 서류를 첨부하여 납세지 관할 세무서장에게 제출해야 한다.
> 1. 임대사업자 등록증
> 2. 장기임대주택의 임대차계약서 사본
> 3. 임차인의 주민등록표 등본 또는 그 사본[11]
> 4. 그 밖에 기획재정부령으로 정하는 서류

앞의 규정 중 쟁점이 되는 항목이 있다. 그것은 다름이 아닌 거주주택 비과세를 적용받으려는 자에 대한 해석이다. 이를 뒤집어 보면 비과세를 받지 않으려면 신고서를 제출하지 않아도 된다는 것이 된다. 따라서 납세의무자의 입장에서 보면 비과세를 선택할 수 있는지의 여부가 중요하다.

예를 들어 2019년 2월 12일 이후 취득한 주택에서 2년 거주했지만, 양도차손이 발생하거나 양도차익이 얼마 남지 않는 경우, 이를 과세로 적용하고 그 이후에 취득해 거주한 주택에 대해서 비과세로 신청할 수 있는지가 쟁점이 된다. 이에 대해 세법은 명확한 규정을 두고 있지는 않으나 문언에 따라 거주주택에 대해 비과세를 받지 않으려면 이 신고서를 제출할 필요가 없다고 본다. 따라서 본인이 선택한 주택에 대해서만 비과세를 적용하면 될 것으로 보인다. 최종적으로 과세관청의 유권해석을 받아 처리하기 바란다.

---

11) 2020년부터 주민등록 전입세대열람으로도 가능하게 개정되었다.

## 2. 거주주택 비과세 신고서 미제출에 따른 불이익

거주주택에 대한 비과세 신고서를 제출하지 않은 경우에는 별도의 가산세는 없을 것이나, 과세당국에서 비과세를 부인할 수도 있으므로 해당자들은 반드시 다음의 서식을 제때에 제출하는 것이 좋을 것으로 보인다. 양도세 신고는 양도일이 속한 달의 말일로부터 2개월 내에 해야 한다.

## 3. 특례적용신고서

### 임대주택사업자의 거주주택 1세대 1주택 특례적용신고서

※ 뒤쪽의 작성방법을 읽고 작성하시기 바랍니다. (앞쪽)

| 신고내용 | 거주주택 (양도주택) | ④ 소재지 | | | |
|---|---|---|---|---|---|
| | | ⑤ 주택 면적(㎡) | ⑥ 토지 면적(㎡) | ⑦ 취득일 | ⑧ 양도일 |
| | | ⑨ 거주기간 ( 년 월 일 ~ 년 월 일) | | | |
| | | ⑩ 양도가액 | | | |
| | 장기임대주택임대내용 | ⑪ 세법상 사업자등록 | 등록일: 등록호수: | ⑫「임대주택법」에 따른 임대사업자등록 | 등록일: 등록호수: |
| | | ⑬ 소재지 | ⑭ 주택 면적(㎡) | ⑮ 토지 면적(㎡) | ⑯ 임대개시일 | ⑰ 임대개시일 당시 기준시가 합계액 |

**작성방법**

1. ⑨란: 양도주택이 「소득세법」 시행령」 제155조 제19항의 직전거주주택보유주택인 경우에는 「임대주택법」 제6조에 따라 임대주택사업자로 등록한 날 이후 양도자의 거주기간을 적습니다.
2. ⑩란: 양도 당시의 실지거래가액을 적습니다.
3. ⑪란, ⑫란: 사업자등록 시 및 임대사업자등록 시 임대 등록한 호수를 적습니다.
4. ⑯
   ⑰란: 2011.10.14. 이전에 「임대주택법」 제6조에 따라 임대주택으로 등록한 주택인 경우 취득 당시 기준시가 합계액을 적습니다.
5. ⑰

| 심층 분석 | 조정대상지역 내에서의 거주요건 비과세 적용배제가 개정된 이유는 무엇일까? |

1세대 1주택자는 통상적으로 주택임대업과 관계가 멀다. 대부분 실거주 목적으로 주택을 소유하기 때문이다. 하지만 정부는 주택임대업을 장려한다는 목적으로 조정대상지역 내에서 주택을 취득해 이를 임대업으로 등록한 경우 2년 거주요건을 배제했다. 하지만 이러한 혜택은 2019년 12월 17일 이후 등록분부터 소멸되었다. 과도한 혜택임이 지적되자 이를 폐지한 것이다. 이에 대해 알아보자.

### 1. 개정 전 '소득세법' 규정

'소득세법' 제154조 제1항 제4호에서는 다음과 같이 단서를 규정하고 있다.

> 다만, 1세대가 양도일 현재 국내에 1주택을 보유하고 있는 경우로서 제1호부터 제3호까지의 어느 하나에 해당하는 경우에는 그 보유기간 및 거주기간의 제한을 받지 아니하며 제4호 및 제5호에 해당하는 경우에는 거주기간의 제한을 받지 아니한다.
>
> 4. 거주자가 해당 주택을 임대하기 위하여 법 제168조 제1항에 따른 등록과 '민간임대주택법' 제5조에 따른 임대사업자등록을 한 경우. 다만, '민간임대주택법' 제43조를 위반하여 임대의무기간 중에 해당 주택을 양도하는 경우와 임대보증금 또는 임대료의 연 증가율이 100분의 5를 초과하는 경우는 제외한다(2019. 02. 12 단서개정).

앞의 내용을 분석해보자.
다음의 내용을 동시에 충족하면 양도세 비과세요건 중 거주요건을 적용하지 않는다.

첫째, 1세대 1주택자에 해당되어야 한다.

둘째, 거주요건이 적용되는 조정대상지역 내에 주택이 소재해야 한다.
양도세 비과세를 위한 거주요건은 2017년 8월 3일 이후 생겨났다. 따라서 조정대상지역으로 지정되기 전에 취득한 주택들은 해당되지 않는다.

셋째, 지자체와 세무서에 사업자등록을 해야 한다.
이때 지자체에 등록할 때에는 단기 또는 장기임대 중 하나를 선택하면 된다. 참고로 이 거주요건 적용배제 특례는 기준시가나 규모와 관계없이 적용한다.

넷째, 임대의무기간과 임대료 상한 룰을 지켜야 한다.
본인이 선택한 임대유형에 의한 임대의무기간과 임대료 5% 증액제한 규정을 지켜야 한다.[12]

### 2. 개정 후 '소득세법' 규정(2019년 12월 16일 조치에 의한 개정)

2019년 12월 16일, 제3차 부동산 종합대책에서는 임대주택의 거주요건 미적용이 조세형평을 저해하자 이를 방지하는 차원에서 앞의 단서규정을 폐지하는 것으로 개정했다.

| 종전 | 개정 |
|---|---|
| □ 조정대상지역 내 1세대 1주택 양도세 비과세 요건<br>　○ 취득 당시 조정대상지역에 있는 주택 :<br>　　① (원칙) 보유 + 거주요건 충족 시 비과세<br>　　　- 2년 이상 보유기간 중 2년 이상 거주한 주택<br><br>　　② (특례) 거주요건(2년) 미적용<br>　　　- 1세대 1주택을 민간임대주택 등록 후 임대의무기간 충족 + 임대료(임대보증금) 연 증가율이 5% 이하인 경우 | □ 등록임대주택도 거주 요건 적용<br><br>(좌동)<br><br><br><br><br>○ 특례 삭제 |

---

12) 2019년 2월 12일에 대부분의 국세혜택에 5% 증액제한 규정이 도입되었다.

여기서 주의할 것은 이 개정규정은 2019년 12월 17일 이후 사업자 등록·임대사업자등록분부터 적용한다는 것이다. 따라서 이날 이후에 등록한 것들은 이러한 혜택을 누릴 수가 없게 되었다. 경과조치로 2019년 12월 16일 이전에 등록 신청하고, 2019년 12월 17일 이후 등록된 경우에는 종전규정을 적용한다.

# 제8장

임대주택의 양도 시 적용되는
장기보유특별공제 특례,
중과세 적용배제,
양도세 100% 감면

# 주택임대사업자에게 장기보유특별공제제도가 중요한 이유는 무엇일까?

주택임대사업자들은 기본적으로 다주택자에 해당하기 때문에 대출 및 세제 등의 규제를 많이 받는 것이 현실이다. 그런데 세제 중 양도세는 수익률과 직결되는데, 중과세를 적용받으면 임대업의 실익이 급격히 줄어든다. 중과세가 적용되면 세율도 높아지지만 무엇보다도 장기보유특별공제가 적용되지 않기 때문이다. 하지만 중과세 세율이 적용되는 경우라도 '조특법'에 따라 장기보유특별공제를 적용받으면 중과세효과를 상쇄시킬 수 있다. 이러한 관점에서 이 제도는 다주택자인 주택임대사업자들에게 매우 중요하다고 하는 것이다. 이에 대해 알아보자.

### 1. '소득세법'상의 공제율

'소득세법'에서는 다음과 같이 기본공제율과 1주택자 특례공제율, 그리고 중과세 대상 주택에 대한 공제율을 정하고 있다.

#### 1) 기본공제율

기본공제율은 3년 보유하면 6%, 4년부터는 2%씩 공제해 15년 이상 보유하면 최대 30%를 적용하는 것을 말한다.

#### 2) 1주택자 특례공제율

고가주택을 1주택(주택임대사업자의 경우 거주주택을 말함) 상태에서 양도하면 전체 양도차익 중 일부는 비과세, 일부는 과세가 된다. 이때 과세되는 양도차익에서 다음과 같이 공제율을 적용한다. 참고로 앞의 1주택자에는 일시적 2주택 등의 사유로 비과세가 적용되는 경우도 포함한다.

| 구분 | 보유기간 요건 | 거주기간 요건 | 합계 |
| --- | --- | --- | --- |
| 2019년 | 10년(연 8%) | - | 80% |
| 2020년 | 10년(연 8%) | 2년 | 80%(거주기간 요건 미충족 시 6-30%) |
| 2021년(안) | 10년(연 4%) | 10년(연 4%) | 80% |

#### 3) 중과세 주택 공제율

주택에 대해 중과세 세율이 적용되는 경우 '소득세법'에서는 장기보유특별공제를 적용하지 않는다.

## 2. '조특법'상의 특례공제율

'조특법'은 '소득세법' 등 개별세법에 우선 적용되는 세목에 해당한다. 따라서 앞의 '소득세법'상의 공제율과 다른 공제율을 적용할 수 있는데 이에 대해 살펴보자.

### 1) 단기임대주택

관할 지자체에 단기(4년)로, 그리고 세무서에도 등록한 임대주택을 6년 이상 임대 시 6년 이후부터 기본공제율에 연간 2~10%씩을 추가한다('조특법' 제97조의 4).

| 구분 | 3년 | 5년 | 6년 | 7년 | 10년 | 15년 |
|---|---|---|---|---|---|---|
| 기본공제율 | 6% | 10% | 12% | 14% | 20% | 30% |
| 추가공제율 | 0% | 0% | 2% | 4% | 10% | 10% |
| 계 | 6% | 10% | 14% | 18% | 30% | 40% |

이 추가공제 규정은 2018년 3월 31일 이전 등록주택에 대해서만 적용한다. 그 당시 장기등록을 유도하기 위한 조치에 의해 연장을 불허한 탓이 크다.[1]

### 2) 장기임대주택

이는 관할 지자체에 장기(8년)로 등록하고 세무서에도 등록한 임

---

1) 이 조항에서는 임대료 5% 증액제한 규정은 적용하지 않는다. 2018년 3월 31일로 감면시한이 종료되었기 때문이다.

대주택을 말한다. 이러한 장기임대주택에 대한 장기보유특별공제 특례제도는 매우 중요하므로 규정을 통해 이를 분석해보자('조특법' 제97조의 3).

우선 해당 규정을 살펴보면 다음과 같다.

① 대통령령으로 정하는 거주자가 2022년 12월 31일까지 '민간임대주택법' 제2조 제5호에 따른 장기임대주택을 등록하여 다음 각 호의 요건을 모두 충족하는 경우 그 주택을 양도함으로써 발생하는 소득에 대해서는 '소득세법' 제95조 제1항에 따른 장기보유특별공제액을 계산할 때 같은 조 제2항에도 불구하고 100분의 50의 공제율을 적용한다. 다만, 장기임대주택을 10년 이상 계속하여 임대한 후 양도하는 경우에는 100분의 70의 공제율을 적용한다(2019. 12. 31 개정).
1. 8년 이상 계속하여 임대한 후 양도하는 경우
2. 대통령령으로 정하는 임대보증금 또는 임대료 증액제한 요건 등을 준수하는 경우(2014. 01. 01 신설)
② 제1항에 따른 과세특례는 제97조의 4에 따른 장기임대주택에 대한 양도세의 과세특례와 중복하여 적용하지 아니한다.[2]

첫째, 이 규정은 거주자에게만 적용된다.
둘째, 2022년 12월 31일까지 등록한 주택에 대해서만 인정한다.
셋째, 등록은 장기(8년)임대로 해야 한다.
넷째, 이외 다음의 요건을 충족해야 한다.
· 8년 이상(또는 10년 이상) 계속해 임대한 후 양도할 것
· 대통령령으로 정하는 임대보증금 또는 임대료 증액제한 요건 등을 준수하는 경우

---

2) '조특법'상 양도세 100% 감면과 장기보유특별공제 특례는 하나만 선택할 수 있다.

앞의 대통령령에서 정하고 있는 요건은 다음과 같다.
- 임대보증금 또는 임대료의 증가율이 100분의 5를 초과하지 아니할 것
- '주택법' 제2조 제6호에 따른 국민주택규모 이하의 주택(해당 주택이 다가구주택일 경우에는 가구당 전용면적을 기준로 한다)일 것
- 장기임대주택의 임대개시일부터 8년 이상 임대할 것
- 장기임대주택의 기준시가가 해당 주택의 임대개시일 당시 6억 원(수도권 밖의 지역인 경우에는 3억 원)을 초과하지 아니할 것

이상의 요건을 갖춘 경우에는 다음과 같이 장기보유특별공제를 적용한다.[3]

| 구분 | 임대의무기간 8~10년 미만 | 임대의무기간 10년 이상 |
|---|---|---|
| 공제율 | 50% | 70% |
| 적용시한 | 2022년 등록분 | 좌동 |

참고로 이 규정에 의한 주택임대기간의 계산은 다음에 의한다.
- 주택임대기간의 기산일은 주택의 임대를 개시한 날로 할 것
- 상속인이 상속으로 인해 피상속인의 임대주택을 취득해 임대하는 경우에는 피상속인의 주택임대기간을 상속인의 주택임대기간에 합산할 것

---

3) 이 제도는 2022년 말 등록분까지만 적용된다. 일몰기한이 도입되었다.

· 앞의 규정을 적용함에 있어서 기획재정부령이 정하는 기간(기존 임차인의 퇴거일부터 다음 임차인의 입주일까지의 기간으로서 3월 이내의 기간을 말한다)은 이를 주택임대기간에 산입한다. 참고로 주택임대사업자의 거주주택 비과세를 담고 있는 '소득세법'에서는 6개월간의 공실을 인정하지만, '조특법'상 장기보유특별공제는 3개월간의 공실을 인정하고 있다.

### Tip 장기임대주택 장기보유특별공제 특례 요건

| 구분 | 내용 |
| --- | --- |
| 규모 기준 | 국민주택규모 이하 |
| 등록 요건 | 기한 제한 없이 언제든지 '민간임대주택법'에 따라 등록 |
| 임대의무기간 | 8년 이상 계속해 장기임대주택으로 등록하고, 그 기간 동안 임대한 기간을 통산해 8년 이상인 경우 계속해 임대한 것으로 간주 [4] |
| 기준시가 | 2018년 9월 14일 이후 6억 원·3억 원 이하 |
| 임대료 증액제한 | 5% |
| 특례 내용 | 장기보유특별공제율 50~70% 적용 |
| 감면 시한 | 2022년 등록분까지만 적용 |
| 감면분 농특세 | 없음(양도세 100% 감면은 있음). |

---

4) '조특법'상 장기보유특별공제 특례를 적용받기 위해 단기임대에서 장기임대로 변경해도 문제가 없다. 다만, 승계되는 단기임대기간은 최대 4~5년 정도가 된다.

## 임대주택에 대한 양도세 중과세 배제는 어떤 식으로 적용되고 있는가?

주택에 대한 중과세제도는 세금을 무겁게 과세하는 제도로 2018년 4월 1일 이후부터 다음과 같이 적용되고 있다.[5] 중과세는 세부담을 높이는 제도이므로 이에 해당하는 층에게는 상당한 부담으로 작용하고 있다.

| 구분 | 세율 | 장기보유특별공제 |
|---|---|---|
| 3주택 중과세 | 기본세율+20% | 적용배제 |
| 2주택 중과세 | 기본세율+10% | 적용배제 |

주택 중과세 제도에 대해 알아보자.

---

5) 2019. 12. 17~2020. 6. 30 기간 동안 중과세는 한시적 배제된다. 단, 10년 이상 보유한 주택에 한한다.

## 1. 중과세 적용대상 주택판단

주택에 대한 중과세는 무조건 적용하는 것이 아니라, 일정한 원리에 따라 적용되고 있다. 따라서 먼저 이를 이해하는 것이 중요하다.

첫째, 양도대상 주택이 조정대상지역 내에 있는지를 판단한다. 중과세는 이 지역에 소재한 것에 대해 적용하기 때문이다.

둘째, 적용대상지역에 있는 중과세 대상 주택 수가 최소한 2주택 이상이 되어야 한다. 이때의 판단기준은 다음과 같다.

| 구분 | 기준 |
| --- | --- |
| • 서울특별시<br>• 광역시(군지역 제외)<br>• 경기도·세종시(읍·면지역 제외) | 무조건 주택 수에 포함함. |
| • 모든 광역시의 군지역<br>• 경기도·세종시 읍·면지역<br>• 기타 모든 지역 | 기준시가가 3억 원 초과해야 주택 수에 포함함. |

예를 들어 서울시나 광역시 등에 주택이 있다면 중과세 적용 여부를 판단할 때 필요한 주택 수에 포함된다. 하지만 광역시의 군지역 같은 경우에는 기준시가가 3억 원을 초과해야 주택 수에 포함된다. 참고로 위의 주택 수는 세대단위로 산정한다. 그리고 다가구주택은 단독주택으로 보며, 재건축·재개발 입주권을 포함한다.[6]

---

6) 2021년 이후부터 분양권도 주택으로 봐서 중과세 판단을 해야 한다. 입주권과 같은 방식으로 중과세제도가 작동될 것으로 보인다.

셋째, 앞의 기준을 거쳐 나온 주택 수가 2주택 이상이고, 조정대상지역 내에 소재한 주택이라도 다음과 같은 주택들은 중과세를 적용하지 않는다. 중과세를 적용할 이유가 없기 때문이다.

| 3주택 중과세 검토 시 | 2주택 중과세 검토 시 |
|---|---|
| 1. 장기임대주택(등록 시 기준시가가 6억 원 이하인 임대주택으로써 5년 이상 임대한 주택. 단, 2018. 4. 1 이후 등록 시는 8년 이상 임대를 요함. 한편 2018년 9월 14일 이후 조정대상지역에서 취득한 주택은 제외)<br>2. 감면대상 장기 임대주택<br>3. 종업원에게 10년 이상 무상으로 제공하는 장기사원용주택<br>4. 감면대상 신축주택<br>5. 문화재주택<br>6. 상속주택으로서 상속개시일부터 5년이 경과하지 아니한주택<br>7. 저당권의 실행으로 인해 취득하거나 채권변제를 대신해 취득한 주택으로서 취득일부터 3년이 경과하지 아니한 주택<br>8. 장기가정어린이집으로 5년 이상 사용하고 가정어린이집으로 사용하지 아니한 지 6개월이 경과하지 않은 주택<br>9. 상기 외에 1개의 주택만을 소유하고 있는 경우의 해당 주택을 양도하는 경우 등 | 좌동 + 아래의 것들을 추가<br>· 기준시가 1억 원 이하인 소형주택<br>· 일시적 2주택(새로운 주택 취득한 날로부터 3년 내 처분) 등 |

예를 들어 표에서 장기임대주택은 주택임대사업자들이 5년(2018년 4월 1일 이후 등록은 8년) 이상 임대한 주택을 말하는데, 임대의무기간을 채운 후 이 주택을 처분하면 중과세를 적용하지 않는다는 것을 의미한다. 중과세를 적용할 이유가 없기 때문이다.[7)]

---

7) 다만, 2018년 9월 14일 이후에 조정대상지역 내에서 취득한 주택은 무조건 중과세를 적용한다(9·13대책).

## 2. 임대주택에 대한 중과세 제외

주택임대사업자가 임대하고 있는 주택을 처분할 때 중과세를 적용받지 않으려면 법에서 정한 요건들을 준수해야 한다. 그런데 이러한 중과세 제외조건은 종부세 합산배제에서 본 내용과 동일하다. 다음에서는 이를 간략히 요약한다. 자세한 내용은 종부세 편을 참고하기 바란다.

### 1) 매입임대주택

| 구분 | 임대유형 | 임대호수 | 전용면적 | 기준시가 | 임대의무기간 |
|---|---|---|---|---|---|
| 2018. 3. 31 이전 등록 | 단기 또는 장기 | - | - | 6·3억 원 | 5년 |
| 2018. 4. 1 이후 등록 | 장기 | - | - | 상동 | 8년 |
| 2018. 9. 14 이후 조정대상지역 취득 후 등록 | - (합산배제 불가) | - | - | - | - |

### 2) 건설임대주택

| 구분 | 임대유형 | 임대호수 | 전용면적 | 기준시가 | 임대의무기간 |
|---|---|---|---|---|---|
| 2018. 3. 31 이전 등록 | 단기 또는 장기 | 2호 | 149㎡ | 6억 원 | 5년 |
| 2018. 4. 1 이후 등록 | 장기 | 2호 | 149㎡ | 6억 원 | 8년 |
| 2018. 9. 14 이후 조정대상지역 취득 후 등록 | 장기 | 2호 | 149㎡ | 6억 원 | 8년 |

# 장기임대주택에 대한 양도세 100% 감면은 어떻게 적용되는가?

　박근혜 정부에서 선보인 장기임대주택에 대한 양도세 100% 감면제도는 주로 강남권에서 크게 성행을 했다. 기준시가가 6억 원을 넘더라도 10년 이상만 임대하면 양도세를 전액 감면받을 수 있었기 때문이다. 하지만 현재는 이 제도가 더 이상 적용되지 않는다. 2018년 12월 31일까지 취득(계약기준)한 것만 인정하기 때문이다. 이 제도를 분석해보자.

### 1. 양도세 100% 감면규정

　'조특법' 제97조의 5에서 다음과 같이 100% 감면을 규정하고 있다.

① 거주자가 다음 각 호의 요건을 모두 갖춘 '민간임대주택법' 제2조 제5호에 따른 장기일반민간임대주택을 양도하는 경우에는 대통령령으로 정하는 바에 따라 임대기간 중 발생한 양도소득에 대한 양도세의 100분의 100에 상당하는 세액을 감면한다.

1. 2018년 12월 31일까지 '민간임대주택법' 제2조 제3호의 민간매입임대주택을 취득(2018년 12월 31일까지 매매계약을 체결하고 계약금을 납부한 경우를 포함한다)하고, 취득일로부터 3개월 이내에 '민간임대주택법'에 따라 장기임대주택으로 등록할 것
2. 장기임대주택으로 등록 후 10년 이상 계속하여 장기임대주택으로 임대한 후 양도할 것
3. 임대기간 중 제97조의 3 제1항 제2호의 요건을 준수할 것(2014.12. 23 신설) [8]

앞의 규정을 분석해보자.

첫째, 거주자에게만 적용한다.

둘째, 장기임대로 등록해야 한다.

셋째, 임대기간 중 발생한 양도세에 대해서만 감면한다.[9]

넷째, 2018년 12월 31일까지 취득해야 하는 한편, 취득일로부터 3개월 내에 등록해야 한다. 이때 2018년 12월 31일까지 매매계약을 체결하고 계약금을 납부한 경우를 포함한다.

---

[8] 임대기간 중에 요건을 준수해야 감면을 확실히 받을 수 있다는 점에 유의해야 한다.
[9] 법 제97조의 5 제1항을 적용할 때 임대기간 중 발생한 양도소득은 다음 계산식에 따라 계산한 금액으로 한다. 이 경우 새로운 기준시가가 고시되기 전에 취득 또는 양도하거나 제1항에 따른 임대기간의 마지막 날이 도래하는 경우에는 직전의 기준시가를 적용해 계산한다(2015. 02. 03 신설).

$$\text{'소득세법' 제95조 제1항에 따른 양도소득금액} \times \frac{\text{제1항에 따른 임대기간의 마지막 날의 기준시가} - \text{취득 당시 기준시가}}{\text{양도 당시 기준시가} - \text{취득 당시의 기준시가}}$$

다섯째, 등록 후 10년 이상 계속해서 장기임대주택으로 임대한 후에 양도해야 한다.
여섯째, 제97조의 3 제1항 제2호의 요건을 준수해야 한다.

위에서 제97조의 3 제1항 제2호의 요건은 아래와 같다.
- 임대보증금 또는 임대료의 연 증가율이 100분의 5를 초과하지 아니할 것[10]
- 국민주택규모 이하의 주택(해당 주택이 다가구주택일 경우에는 가구당 전용면적을 기준로 한다)일 것
- 장기임대주택의 임대개시일부터 8년 이상 임대할 것
- 장기임대주택의 기준시가가 해당 주택의 임대개시일 당시 6억 원(수도권 밖의 지역인 경우에는 3억 원)을 초과하지 아니할 것

## 2. 임대주택에 대한 임대기간의 계산 등

앞의 규정을 적용할 때 임대주택에 대한 임대기간의 계산과 그 밖에 필요한 사항은 대통령령('조특법 시행령' 제97조의 5)에서 정하고 있다. 이를 정리해보자.

① 장기일반민간임대주택으로 임대한 경우는 장기임대주택으로 10년 이상 계속해서 등록하고, 그 등록한 기간 동안 계속해서 10년 이상 임대한 경우로 한다.

---

10) 임대의무기간이 완료가 된 이후에도 감면을 받고 싶다면 이 요건을 끝까지 준수해야 한다.

② 이 경우 다음 각 호의 경우에는 해당 기간 동안 계속해서 임대한 것으로 본다.
- 기존 임차인의 퇴거일부터 다음 임차인의 주민등록을 이전하는 날까지의 기간으로서 6개월 이내의 기간
- 협의매수 또는 수용되어 임대할 수 없는 경우의 해당 기간
- '도시 및 주거환경정비법'에 따른 재건축사업, 재개발사업 또는 '빈집 및 소규모주택 정비에 관한 특례법'에 따른 소규모주택정비사업의 사유로 임대할 수 없는 경우에는 해당 주택의 관리처분계획(소규모주택정비사업의 경우에는 사업시행계획을 말한다) 인가일 전 6개월부터 준공일 후 6개월까지의 기간

## Tip 장기임대주택 양도세 100% 감면 요건

| 구분 | 내용 |
|---|---|
| 규모 기준 | 전용면적 85㎡ 이하(단, 다가구주택인 경우 가구당 전용면적 기준) |
| 등록 요건 | 2018년 12월 31일까지 '민간임대주택법' 제2조 제3호의 민간매입임대주택 등을 취득하고, 취득일로부터 3개월 이내에 '민간임대주택법'에 따라 장기임대주택으로 등록할 것 |
| 임대의무기간 | 10년 이상 계속해 장기임대주택으로 임대한 후 양도할 것[11] |
| 가액기준 | 6억 원·3억 원 이하일 것(단, 2018년 9월 14일 이후) |
| 임대료 인상률 | 연 5% 임대료 인상률 제한(신규·갱신 시 포함) |
| 특례 내용 | 양도세의 100분의 100에 상당하는 세액을 감면 |
| 감면시한 | 2018. 12. 31 이전 취득분에 한함. |
| 감면분 농특세 | 감면세액의 20% |

---

11) 이 규정에 의한 감면을 받으려면 장기임대로만 임대해야 한다.

## 심층분석 | 장기임대주택 외 다른 주택이 있는 상황에서 주택처분 시 과세방법

장기임대주택 외 다른 주택을 양도하는 경우, 거주주택(이하 A주택)에 대한 비과세와 임대주택(이하 B주택)에 대한 장기보유특별공제 70% 특례를 결합해서 이에 대해 분석해보자.

〈사례〉
장기임대주택인(B주택)은 다음처럼 ①~④의 상황에서 장기로 등록되었다고 하자. 그리고 다른 주택(A주택)만을 보유하고 있다고 하자. 이 경우 거주주택(A주택)에 대한 비과세와 장기임대주택(B주택)에 대한 장기보유특별공제 70%는 가능한가?

| 상황 | 기준시가(수도권 기준) | 면적 | 비고 |
|---|---|---|---|
| ① | 5억 원 | 85㎡ 이하 | 10년 이상 임대 가정 |
| ② | 5억 원 | 85㎡ 초과 | |
| ③ | 10억 원 | 85㎡ 이하 | |
| ④ | 10억 원 | 85㎡ 초과 | |

· ①의 경우
- A주택은 비과세를 받을 수 있다. 기준시가가 6억 원(지방은 3억 원) 이하에 해당하기 때문이다. 이는 거주주택에 대한 비과세규정을 말한다.

- B주택을 10년 이상 임대한 후 이를 양도하면 장기보유특별공제를 최대 70%까지 받을 수 있다. 주택규모가 $85m^2$ 이하에 해당하기 때문이다. 9·13조치에 따른 가액요건도 충족해 이 공제를 받는 데 하등 문제가 없다.

· ②의 경우
- A주택은 비과세를 받을 수 있다. 기준시가가 6억 원(지방은 3억 원) 이하에 해당하기 때문이다.

- B주택을 10년 이상 임대하더라도 장기보유특별공제 70%는 받을 수 없다. 주택규모가 85$m^2$를 넘었기 때문이다. A주택 등 다른 주택이 있는 상태에서 이 장기임대주택을 처분했다면 중과세의 가능성까지 있다.

· ③의 경우
- A주택은 비과세를 받을 수 없다. 기준시가가 6억 원(지방은 3억 원)을 초과하기 때문이다.

- B주택을 10년 이상 임대한 후 이를 양도하면 장기보유특별공제를 최대 70%까지 받을 수 있다. 주택규모가 85$m^2$ 이하에 해당하기 때문이다. 다만, 2018년 9월 14일 이후 취득 시에는 기준시가가 6억 원(지방은 3억 원) 이하에 해당해야 하므로 이 공제를 적용받을 수 없다.

· ④의 경우
- A주택은 비과세를 받을 수 없다. 기준시가가 6억 원(지방은 3억 원)을 초과하기 때문이다.

- B주택을 10년 이상 임대하더라도 장기보유특별공제 70%는 받을 수 없다. 주택규모가 85$m^2$를 넘었기 때문이다. 다른 주택이 있는 상태에서 이 장기임대주택을 처분했다면 중과세의 가능성까지 있다.

※ **저자 주**
임대주택 외 거주주택이 고가주택인 경우 비과세와 과세가 동시에 적용될 수 있다. 이때 과세의 경우 중과세가 적용될 가능성이 높기 때문에 반드시 세무상담을 받은 후 처분하도록 하자.

# 주택임대업의 등록 의사결정

# 01 임대주택으로 등록하면 좋은 점과 안 좋은 점은 무엇인가?

정부는 자발적으로 임대등록을 유도하기 위해 각종 인센티브를 제공하는데, 그중 대표적인 것이 바로 세금감면혜택이다. 이렇게 세금을 출혈하면서까지 등록을 유도하는 것은 서민들의 주거안정을 보장하기 위한 것이다.

하지만 등록은 의무가 아니기 때문에 등록을 할 때에는 본인에게 실익이 있는지를 먼저 점검하는 것이 순서다. 그렇다면 등록을 하면 어떤 것들이 좋을지 알아보자. 물론 안 좋은 점도 있을 것이다.

먼저, 장점으로는 국세와 지방세 측면에서 불이익을 예방하거나 다양한 혜택을 받을 수 있다는 것이다. 대략적인 것들은 다음과 같다.

## 1. 국세의 경우

보유한 주택이 많으면 국세인 종부세가 많이 나올 수 있고, 이를 처분할 때 양도세 중과세가 될 수 있다. 임대사업자등록을 하면 이러한 불이익을 줄여준다. 물론 임대등록을 했다고 해서 무조건 이러한 혜택을 부여하는 것은 아니고, 세법에서 정하는 조건을 충족해야 한다. 한편 등록을 하면 세금혜택이 없는 상황을 있는 상황으로 만들 수 있다. 여러 채 주택을 보유한 상태에서 본인이 살고 있는 주택을 처분해 비과세를 받고 싶을 때 등록하면 이러한 혜택을 부여한다. 이외에도 과세가 되더라도 양도세를 확 줄이고 싶을 때에도 등록을 하는 경우가 종종 있다.[1]

## 2. 지방세의 경우

지방세의 경우 취득세를 면제받거나 재산세를 감면받을 때 등록을 한다. 지방세는 등록을 하지 않더라도 불이익을 주는 제도가 없다.

다음으로, 등록을 함에 따른 불편함은 무엇일지 한번 생각해보자. 이에는 등록에 따른 소득노출, 임대차계약 시마다 임대료 5% 상한을 지켜야 한다는 것, 그리고 의무적으로 최소 4년~최대 10년 이상을 의무적으로 임대해야 한다는 것이다.

---

[1] 최근 정부의 주택임대사업자에 대한 세제정책의 변화는 제1장을 참조하기 바란다.

## Tip 의사결정의 툴

주택임대사업자의 장점은 각종 세제혜택을 받을 수 있다는 것이고, 단점은 '민간임대주택법'상 각종 의무를 이행해야 한다는 것이다. 하지만 최근 임대사업자에 대한 세제혜택이 상당부분 소멸되었으므로 정확한 분석을 통해 임대사업자등록을 결정하는 것이 좋을 것으로 보인다.[2]

| 2018년 9월 13일 이전 취득 | 2018년 9월 14일 이후 취득 |
|---|---|
| 지역불문하고 기준시가 6억 원·3억 원 이하이면 실익이 있음(단, 전용면적 85㎡ 초과하면 '조특법'상 장기보유특별공제 특례를 받을 수 없음). | 조정대상지역은 등록의 의미가 없음.<br>비조정대상지역은 기준시가가 6억 원·3억 원 이하가 되어야 실익이 있음(단, 전용면적 85㎡ 초과하면 '조특법'상 장기보유특별공제 특례를 받을 수 없음). |

---

2) 실무적으로 거주주택 비과세 → 양도세 장기보유특별공제 50~70% → 종부세 합산배제와 양도세 중과세 배제순으로 실익을 검토한다.

## 주택 수에 따른 등록의 필요성은?

원래 주택임대업은 다주택자들이 우선적으로 검토해야 할 주제에 해당한다. 그렇다면 여기서 다주택자들은 누구인가? 이제부터 보유한 주택 수에 따른 등록의 필요성을 검토해보자. 여기서 주택 수는 통상 '소득세법'상의 1세대별로 산정한다.

### 1. 1주택자

등록의 필요성이 전혀 없다. 조정대상지역 내의 주택에 대한 거주요건 미적용 제도도 최근 폐지되었다. 이들은 실수요자에 해당하므로 일반규정에 따라 양도세 비과세혜택을 누리면 된다.

## 2. 2주택자

일시적 2주택 비과세가 가능한 경우에는 등록의 필요성이 없다. 하지만 일시적 2주택에 대한 비과세를 받지 못하는 경우에는 등록의 필요성을 검토할 만하다.

이때 검토는 양도세 거주주택 비과세 → 장기보유특별공제 특례 적용 → 양도세 중과세 제외 및 종부세 합산배제 등의 순으로 한다. 물론 기준시가와 면적, 임대의무기간, 취득시기, 소재지역 등의 요건을 꼼꼼히 살펴봐야 한다. 참고로 위에서 언급된 양도세 거주주택 비과세는 임대등록하면 바로 혜택을 받을 수 있는 제도에 해당한다. 다만, 2019년 2월 12일 이후에 양도하는 주택부터는 평생 1회만 비과세가 주어지므로 이 부분을 감안할 필요가 있다(단, 경과규정을 감안하면 최대 2회 비과세가 가능). 참고로 거주주택 비과세 횟수 제한은 이날 이후의 취득분에 대해 적용되나 2019년 2월 12일에 이미 비과세를 받았다면 이날 이후에는 비과세를 받을 수 없다(단, 경과규정으로 이날 현재 거주주택 등은 비과세 가능하므로 평생 2회 가능). 생애 한 번만 비과세가 주어지기 때문이다.

## 3. 3주택자

3주택자도 혼인이나 동거봉양 등 특수한 경우에도 비과세가 가능하다. 따라서 이를 먼저 검토해보고 비과세가 성립하지 않으면 2주택자처럼 등록 여부를 결정한다.

## Tip 의사결정의 사례

현재 2주택 보유자가 있다고 하자. 그중 2년 거주한 주택을 양도하고자 하는데 중과세가 걸려서 2억 원의 양도세가 예상된다고 하자. 이때 다른 1주택을 단기로 임대한 후 거주주택을 양도하면 실익이 있을까? 단, 장기임대로 다음과 같은 손실이 예상된다고 하자.

- **종부세 증가** : 1천만 원(5년 치)
- **임대료 할인 등** : 2천만 원(5년 치)
-  계 : 3천만 원

이렇게 분석해보면 향후 손실이 예상되는 금액은 3천만 원에 불과하지만, 현재 2억 원의 이익이 예상되므로 이러한 상황에 등록을 하는 것이 합리적인 의사결정이다.

## 03 등록하기 전에 꼭 짚고 넘어가야 하는 필수 3요소는 무엇일까?

개인이나 법인이 지자체와 세무서에 등록을 했다고 해서 무조건 세제혜택을 주는 것은 아니다. 세제혜택을 무분별하게 주게 되면 부족한 세금을 다른 이가 내야 하는 불공평이 발생하기 때문이다. 그렇다면 국가는 어떤 식으로 이러한 요건을 내세우고 있을까? 이하에서 등록하기 전에 반드시 검토해야 할 요소들을 고려해보자.

### 1. 지방세 측면

지방세 감면은 주로 취득세와 재산세에서 있는데, 이들은 주로 관할지자체 등록, 공동주택(취득세는 신축), 전용면적(취득세는 $60m^2$, 재산세는 $85m^2$ 이하), 호수(재산세는 2호 이상), 임대의무기간 등의 요건을 도입하고 있다. 특이한 것은 국세에서 정하고 있는 기준시가의 요건은 빠져 있다는 것이다.

## 2. 국세 측면

국세는 종부세, 종합소득세, 양도세 등이 해당되는데, 이러한 세목에서 혜택을 부여할 때 지자체 및 세무서 등록, 기준시가, 전용면적, 호수(종부세 합산배제 시 건설임대주택은 2호 이상), 지역, 임대기간, 임대료 5% 룰 준수요건 등 다양한 요소를 사용하고 있다. 이러한 요건 중 등록 전에 미리 알아야 하는 것에는 기준시가, 전용면적, 지역요건 등이 있다. 이들에 대해 알아보자.

### 1) 기준시가

기준시가란 '국세법'에서 정의하고 있는 용어로 국토교통부에 발표한 공시가격(공동주택가격, 공시지가 등)과 같은 의미를 가지고 있다. '지방세법'에서는 이를 시가표준액으로 불리기도 한다. 이러한 기준시가 요건은 주로 '국세법'에서 사용하고 있는데, 다른 여타 요소들보다 매우 강력한 것에 해당한다. 세법에서 정하고 있는 기준시가 요건을 넘어서면 대부분의 세제혜택이 박탈되기 때문이다. 이를 표로 요약하면 다음과 같다.

| 구분 | | 기준시가 요건 | | |
|---|---|---|---|---|
| | | 적용 여부 | 수도권 내 | 수도권 밖 |
| 취득세 감면 | | × | - | - |
| 재산세 감면 | | × | - | - |
| 종합소득세 감면 | | ○ | 6억 원 | 6억 원 |
| 건강보험료 감면 | | × | - | - |
| 1주택 거주요건 적용배제 | | ○ | 6억 원 | 3억 원 |
| 임대사업자의 거주주택 양도세 비과세 | | ○ | 6억 원 | 3억 원 |
| 양도세 중과세 배제 및 종부세 합산배제 | | ○ | 6억 원 | 3억 원 (건설은 6억 원) |
| '조특법'상 양도세 장기보유특별공제 10% 추가 | | ○ | 6억 원 | 6억 원 |
| '조특법'상 양도세 장기보유특별공제 50% 또는 70% | 2018. 9. 13 이전 취득 | × | - | - |
| | 2018. 9. 14 이후 취득 | ○ 3) | 6억 원 | 3억 원 |
| '조특법'상 양도세 100% 감면 | 2018. 9. 13 이전 취득 | × | - | - |
| | 2018. 9. 14 이후 취득 | ○ | 6억 원 | 3억 원 |

### 2) 전용면적

전용면적은 주로 지방세 세목과 국세 세목 중 일부에서만 볼 수 있다. 특히 국세의 경우 종합소득세 감면이나 '조특법'상의 양도세 감면 적용 시에는 이 요건이 추가된다는 점에 유의해야 한다.

---

3) '조특법'상 양도세 감면제도의 경우 당초 $85m^2$ 이하만 충족하면 기준시가의 크기와는 관계없이 무조건 감면을 해주었으나, 2018년 9·13조치에 의해 동년 9월 14일 이후 취득한 주택들은 이와 같은 기준시가 요건이 추가되었다(모든 지역에 해당함).

| 구분 | 전용면적 요건 | |
|---|---|---|
| | 적용 여부 | 면적 |
| 취득세 감면 | ○ | 60㎡ 이하 |
| 재산세 감면 | ○ | 85㎡ 이하 |
| 종합소득세 감면 | ○ | 85㎡ 이하<br>(간주임대 배제 시 40㎡ 이하) |
| 건강보험료 감면 | × | - |
| 1주택 거주요건 적용배제 | × | - |
| 임대사업자의 거주주택 양도세 비과세 | × | - |
| 양도세 중과세 배제 및 종부세 합산배제 | × | - (단, 건설은 149㎡ 이하) |
| '조특법'상 양도세 장기보유특별공제 10% 추가 | | |
| '조특법'상 양도세 장기보유특별공제 50% 또는 70% | ○ | 85㎡ 이하 |
| '조특법'상 양도세 100% 감면 | ○ | 85㎡ 이하 |

### 3) 지역

지역요건은 주택이 소재한 주택이 조정대상지역인지의 여부에 따라 세법을 달리 적용하는 것을 말한다. 현재 종부세 과세와 1주택자 거주요건 적용배제, 양도세 중과세 적용은 조정대상지역만을 대상으로 하고 있다. 나머지는 전국을 대상으로 하고 있다. 이를 표로 정리하면 다음과 같다.

| 구분 | 지역 요건 | |
|---|---|---|
| | 적용 여부 | 지역 |
| 취득세 감면 | × | - |
| 재산세 감면 | × | - |
| 종합소득세 감면 | ○ | - |
| 건강보험료 감면 | × | - |
| 1주택 거주요건 적용배제 | △ | 조정대상지역 |
| 임대사업자의 거주주택 양도세 비과세 | ○ | - |
| 양도세 중과세 배제 및 종부세 합산배제 | △ | 조정대상지역 |
| '조특법'상 양도세 장기보유특별공제 10% 추가 | × | |
| '조특법'상 양도세 장기보유특별공제 50~70% | ○ | - |
| '조특법'상 양도세 100% 감면 | ○ | - |

참고로 2018년 9월 14일 이후에 조정대상지역에서 신규로 취득한 주택들은 양도세 중과세 등이 그대로 적용된다. 따라서 등록의 실익이 크지 않을 가능성이 높기 때문에 사전에 주의할 필요가 있다.

# 기준시가의 적용법도 알고 가면 좋은 이유는 무엇일까?

기준시가란 '국세법'상의 용어로 정부에서 발표한 공시가격을 말한다. 따라서 공동주택가격이나 개별주택가격 또는 개별공시지가 등이 기준시가에 해당한다고 볼 수 있다. 그런데 이러한 기준시가의 가액기준이 주택임대사업자의 세제혜택의 요건으로 사용되고 있어 이에 대해 자세히 알아두는 것이 좋다.

## 1. 기준시가를 감면요건으로 사용하는 곳

| 구분 | 기준시가 사용 여부 | 내용 |
| --- | --- | --- |
| 취득세 감면 | × | |
| 재산세 감면 | × | |
| 종합소득세 감면 | ○ | 6억 원(전국) |
| 건강보험료 감면 | × | |
| 1주택 거주요건 적용배제 | × | |

| 임대사업자의 거주주택 양도세 비과세 | ○ | 6억 원/3억 원 |
| --- | --- | --- |
| 양도세 중과세 배제 및 종부세 합산배제 | ○ | 6억 원/3억 원<br>(건설은 6억 원) |
| '조특법'상 양도세 장기보유특별공제 10% 추가 | ○ | 6억 원 |
| '조특법'상 양도세 장기보유특별공제 50~70% | ○<br>(단, 2018. 9. 14 이후 취득분) | 6억 원/3억 원 |
| '조특법'상 양도세 100% 감면 | ○<br>(단, 2018. 9. 14 이후 취득분) | 6억 원/3억 원 |

## 2. 기준시가 적용과 관련된 쟁점 사항들

앞의 기준시가 요건은 당해 임대주택의 취득일이 아니라, 등록일을 기준으로 적용한다. 그런데 여기서 쟁점이 몇 가지 발생한다.

첫째, 등록일 현재 당해 연도의 기준시가가 없으면 어떻게 적용할 것인가?

예를 들어 임대등록을 2020년 3월에 신청하면 2020년 기준시가가 없다. 기준시가는 2020년 4월 이후에나 발표하기 때문이다. 따라서 이 경우에는 부득이 전년도에 발표한 기준시가를 사용할 수밖에 없다.

둘째, 신축된 주택인 경우 기준시가는 어떻게 산정할 것인가?

신축된 주택의 경우에는 당연히 기준시가가 없으므로 주변의 기준시가로 결정되어야 한다(관할 세무서나 저자의 카페로 문의).

셋째, 재건축 등에 의해 기준시가가 인상되면 임대요건을 위배하는 것인가?

임대 중에 재건축 등을 거쳐 기준시가가 인상되더라도 문제는 없다. 기준시가는 등록일을 기준으로 산정하기 때문이다.

### Tip 임대주택의 재건축 등과 관련된 감면요건 적용

| 구분 | 내용 | 비고 |
|---|---|---|
| 기준시가 | 당초 등록일을 기준으로 산정하므로 기준시가의 변동과 무관함. | |
| 면적 | 면적이 증가되면 '조특법'상 장기보유특별공제 등에 영향을 줌. | 단, 국민주택 규모 이하는 문제없음. |
| 임대의무기간 | 재건축 전과 후의 임대기간을 통산함. | |
| 5% 증액제한 요건 | 완공된 주택을 기준으로 임대료를 정할 수 있음.[4] | |

---

4) 종전의 주택이 소멸되었으므로 신축된 주택에 대해 책정된 임대료를 최초 임대료로 하는 것이 타당하다(서면-2019-부동산-1640, 부동산 납세과-960. 2019. 9. 20 등 참조).

# 양도세만 고려할 경우, 유리한 임대등록방법은 무엇일까?

주택임대사업자들이 관심을 가지는 핵심적인 세제혜택 제도는 주로 양도세와 관련이 높다. 따라서 최우선적으로 이를 고려해 본인에게 적합한 임대유형(단기, 장기)을 골라야 한다. 알다시피 주택의 기준시가와 면적, 임대의무기간 등에 따라 적용되는 세법의 내용이 다르다. 이하에서는 주택의 기준시가와 면적을 가지고 양도세 측면에서 어떤 임대유형이 적합한지를 대략적으로 알아보기로 하자. 참고로 이러한 의사결정유형은 다양한 변수들에 의해 달라질 수 있음에 유의하자.

### 1. 기준시가 6억 원(3억 원) 이하+전용면적 85㎡ 이하인 경우

세제혜택을 가장 많이 받을 수 있는 유형에 해당한다. 다음 ①부터 ④까지 적용받을 수 있으나, ②와 ③은 중복적용하지 않는다. 일반적으로 세부담 측면에서 볼 때 ②보다 ③이 더 유리하다.

### ① 거주주택 양도세 비과세 적용 가능 여부

가능하다. 임대주택에 대한 요건(임대개시일 기준시가 6억 원-지방 3억 원-이하 등)을 충족하기 때문이다. 이 경우 임대의무기간은 5년 (2018년 4월 1일 이후에도 동일함) 이상이다. 따라서 이 혜택은 단기임대로 등록해도 문제가 없다. 이렇게 등록한 후 1년 이상만 더 임대하면 되기 때문이다(단, 거주주택이 고가주택인 경우 과세부분에서 중과세를 적용받지 않으려면 2018년 4월 1일 이후부터는 8년 장기임대 등록이 필요함. 이하 동일).

### ② 장기보유특별공제 50~70% 적용 가능 여부

가능하다. 전용면적이 $85m^2$ 이하에 해당하기 때문이다. 이 경우 임대의무기간은 8년 이상이다. 따라서 이 경우에는 장기로만 등록해야 한다. 참고로 2018년 9월 14일 이후 취득분은 기준시가가 6억 원(지방은 3억 원) 이하가 되어야 한다(9·13대책). 따라서 이 요건을 충족하면 2020년 이후에도 이 공제를 받을 수 있다.

### ③ 양도세 100% 감면 적용 가능 여부

가능하다. 전용면적이 $85m^2$ 이하에 해당하기 때문이다. 이 경우 임대의무기간은 10년 이상이다. 단, 이 규정을 받기 위해서는 주택 취득일로부터 3개월 내에 장기임대주택으로 등록해야 한다. 앞의 ②는 이러한 규정이 없다. 이 규정은 2018년 12월 31일 취득분(계약기준)까지 인정한다.

④ 중과세 적용배제 여부

배제된다. 기준시가가 6억 원(3억 원) 이하에 해당하기 때문이다. 이 경우 임대의무기간은 등록시점에 따라 차이가 있다. 2018년 4월 1일 전은 4년, 후는 8년이다. 앞의 ①과 차이가 남을 살펴보기 바란다. 참고로 2018년 9월 14일 이후 조정대상지역에서 취득한 주택들은 중과세를 적용한다(9·13대책).

☞ 이러한 유형의 주택을 2018년 4월 1일 이후에 등록한 경우에는 ①은 5년, ②~④는 8년 이상 임대를 해야 한다. 따라서 본인의 상황에 따라 단기임대나 장기임대 중 하나를 선택한다. 단, 2018년 9월 13일 도입된 제도들에 유의해야 한다. 만일 같은 해 9월 14일 이후에 조정대상지역에서 취득한 경우라면 중과세를 피할 수 없다. 하지만 '조특법'상의 장기보유특별공제 특례는 받을 수 있다.

## 2. 기준시가 6억 원(3억 원) 이하+전용면적 85㎡ 초과한 경우

일반적인 세제혜택은 누릴 수 있으나, '조특법'에서 규정하고 있는 ②와 ③의 규정은 적용받을 수 없다.

① 거주주택 양도세 비과세 적용 가능 여부

가능하다. 임대주택에 대한 요건(임대개시일 기준시가 6억 원-지방 3억 원- 이하 등)을 충족하기 때문이다. 이 경우 임대의무기간은 5

년 이상이다.

### ② 장기보유특별공제 50~70% 적용 가능 여부

가능하지 않다. 전용면적 85$m^2$를 초과하기 때문이다.

### ③ 양도세 100% 감면 적용 가능 여부

가능하지 않다. 전용면적 85$m^2$를 초과하기 때문이다.

### ④ 중과세 적용배제 여부

배제된다. 중과세 적용배제는 전용면적과 관계없이 기준시가가 6억 원(3억 원) 이하에 해당하기 때문이다. 이 경우 임대의무기간은 등록시점에 따라 차이가 있다. 2018년 4월 1일 전은 4년, 후는 8년이다. 단, 2018년 9월 14일 이후 조정대상지역에서 취득한 주택들은 중과세를 적용한다(9·13대책).

☞ 이러한 유형의 주택은 ①과 ④의 규정을 적용받을 수 있다. 다만, 2018년 4월 1일 이후에 등록한 경우 ①은 5년, ④는 8년 이상의 임대의무기간이 필요하므로 이를 감안해 단기임대로 할 것인지, 장기임대로 할 것인지 결정한다. 이외에도 9·13조치를 적용받는지의 여부도 검토해야 한다.

## 3. 기준시가 6억 원(3억 원) 초과+전용면적 85㎡ 이하인 경우

일반적인 세제혜택은 누릴 수 없으나, '조특법'에서 규정하고 있는 ②와 ③의 규정은 적용받을 수 있다.

### ① 거주주택 양도세 비과세 적용 가능 여부

가능하지 않다. 임대주택에 대한 요건(임대개시일 기준시가 6억 원-지방 3억 원-이하 등)을 충족하지 않기 때문이다.

### ② 장기보유특별공제 50~70% 적용 가능 여부

가능하다. 기준시가와 관계없이 전용면적이 $85m^2$ 이하에 해당하기 때문이다. 이 경우 임대의무기간은 8년 이상이다. 단, 2018년 9월 14일 이후 취득분은 기준시가가 6억 원(지방은 3억 원) 이하가 되어야 하므로 이 규정을 적용받지 못한다.

### ③ 양도세 100% 감면 적용 가능 여부

가능하다. 기준시가와 관계없이 전용면적이 $85m^2$ 이하에 해당하기 때문이다. 이 경우 임대의무기간은 10년 이상이다(단, 취득일로부터 3개월 내에 장기임대주택으로 등록해야 함). 단, 2018년 9월 14일 이후 취득분은 기준시가가 6억 원(지방은 3억 원) 이하가 되어야 하므로 이 규정을 적용받지 못한다.

### ④ 중과세 적용배제 여부

중과세가 적용된다. 등록 시 기준시가가 6억 원(3억 원) 초과에 해당하기 때문이다.

☞ 이러한 유형의 주택은 강남권에 많이 몰려 있다. 면적은 국민주택규모 이하가 되나 기준시가가 6억 원(3억 원)을 초과한 경우다. 이러한 유형의 주택은 ①과 ④의 혜택이 없으나, ②와 ④의 혜택이 있으므로 장기임대(장기임대)로 등록할 수 있다(단, 9·13조치에 의해 기준시가가 6억 원 등을 초과하면 혜택 없음). 이러한 상황에서는 다른 주택을 양도하면 중과세의 가능성이 있으므로 매우 주의해야 한다. 따라서 이때에는 장기임내주택을 임대종료 후 먼저 처분하고, 나머지 주택을 나중에 처분하는 전략을 취하는 것이 좋다.

### 4. 기준시가 6억 원(3억 원) 초과+전용면적 85㎡ 초과한 경우

일반적인 세제혜택도 누릴 수 없고, '조특법'에서 규정하고 있는 ②와 ③의 규정도 적용받을 수 없다. 가장 좋지 않은 유형의 주택에 해당한다.

#### ① 거주주택 양도세 비과세 적용 가능 여부

가능하지 않다. 임대주택에 대한 요건(임대개시일 기준시가 6억 원-지방 3억 원-이하 등)을 충족하지 않기 때문이다.

② 장기보유특별공제 50~70% 적용 가능 여부

가능하지 않다. 전용면적 $85m^2$를 초과하기 때문이다.

③ 양도세 100% 감면 적용 가능 여부

가능하지 않다. 전용면적 $85m^2$를 초과하기 때문이다.

④ 중과세 적용배제 여부

중과세가 적용된다. 등록 시 기준시가가 6억 원(3억 원) 초과에 해당하기 때문이다.

## Tip 적합한 임대유형 찾기

| 구분 | 기준시가 | 면적 | 임대유형 | | 등록의 실익 여부 (2020년 3월 현재) |
|---|---|---|---|---|---|
| | | | 단기임대(4년) | 장기임대(8년) | |
| 수도권 | 6억 원↑ | $85m^2$ ↑ | – | – | × |
| | | $85m^2$ ↓ | – | 장특공 50~70% (2018. 9. 14 이후는 불가) | × |
| | 6억 원↓ | $85m^2$ ↑ | 거주주택 비과세 | 좌동 | ○ |
| | | $85m^2$ ↓ | 거주주택 비과세 | 좌동 & 장특공 50~70% | ○ |
| 비수도권 | 3억 원↑ | $85m^2$ ↑ | – | – | × |
| | | $85m^2$ ↓ | – | 장특공 50~70% (2018. 9. 14 이후는 불가) | × |
| | 3억 원↓ | $85m^2$ ↑ | 거주주택 비과세 | 좌동 | ○ |
| | | $85m^2$ ↓ | 거주주택 비과세 | 좌동 & 장특공 50~70% | ○ |

# 단기임대에서 장기임대로 전환하는 것이 좋을까?

단기로 임대하고 있는 주택을 장기로 전환을 할 수도 있다. 물론 장기임대주택을 단기임대주택으로의 전환은 할 수가 없다. 그렇다면 전자의 경우 어떤 실익이 있을까?

## 1. 단기임대에서 장기임대로 전환 시 좋은 점

무엇보다도 장기임대주택에 주어지는 장기보유특별공제를 50~70%까지 받을 수 있다는 점이 좋다. 50%는 8년, 70%는 10년 이상 임대 시의 공제율에 해당한다. 예를 들어 양도차익이 2억 원인 경우, 장기보유특별공제율이 30%, 50%, 70%에 따라 세금이 어떤 식으로 변하는지 분석해보자.

| 구분 | 장기보유특별공제 | | |
|---|---|---|---|
| | 단기임대(5년) | 장기임대(8년) | 장기임대(10년) |
| | 30% 공제 | 50% 공제 | 70% 공제 |
| 양도차익 | 2억 원 | 2억 원 | 2억 원 |
| −장기보유특별공제 | 6천만 원 | 1억 원 | 1억 4천만 원 |
| =과세표준 | 1억 4천만 원 | 1억 원 | 6천만 원 |
| ×세율 | 35% | 35% | 24% |
| −누진공제 | 1,490만 원 | 1,490만 원 | 522만 원 |
| =산출세액 | 3,410만 원 | 2,010만 원 | 918만 원 |

단기임대의 경우 산출세액이 3,410만 원이 나왔지만, 장기임대의 경우 918만 원 등으로 대폭 감소가 되었다. 물론 양도차익이 더 많아지면 이러한 차이는 더 커지게 될 것이다. 따라서 양도차익이 많이 날 것으로 예상된다면 장기임대주택으로 전환을 생각해 볼 수 있다.

## 2. 임대의무기간의 산정방법

### 1) 개정 전

개정 전 '조특법 시행령' 제97조의 3 제4항에서는 5년의 범위에서 일반임대주택으로 임대한 기간의 100분의 50에 해당하는 기간을 장기임대주택의 임대기간에 포함하도록 했다. 따라서 일반임대의 임대기간이 5년이라면 이의 50%인 2년 6개월이 승계되므로 장기임대주택으로 전환 후에 나머지 임대기간을 채워야 세제혜택을 누릴 수 있다. 만일 일반임대기간이 10년을 넘어가는 경우에는 최대 5년만을 인정하므로 장기임대주택으로 전환한 이후 5년을 추가로 임대해야 한다.

**2) 개정 후**

2019년 2월 12일 이후에 단기임대주택을 장기임대주택으로 전환한 경우에는 임대의무기간을 다음과 같이 정한다.

· 단기임대주택의 임대의무기간(4년) 종료 전에 변경신고한 경우 : 단기임대사업자 등록일(실제 임대개시일) 이후의 임대기간 전체 승계
· 단기임대주택의 임대의무기간(4년)이 종료된 이후 변경신고한 경우 : 변경신고의 수리일부터 해당 단기민간임대주택의 임대의무기간(4년)을 역산한 날(즉 최대 4년만 승계됨)

## 07 개인임대를 법인임대로 전환해 관리하면 어떨까?

개인이 주택임대사업자로 등록한 주택을 현물출자 방식으로 법인전환을 하는 경우가 있다. 법인전환을 하면 주택 수가 분산되어 다양한 효과가 발생하기 때문이다. 이에 대해 간략히 정리해보자. 참고로 현물출자는 사업자등록이 되어 있는 사업장별로 진행된다.

### 1. 법인전환을 하면 좋은 점

법인전환을 하면 어떤 점이 좋을지 정리하면 다음과 같다.

- 개인이 보유하고 있는 주택에 대해 양도세 비과세를 받기 쉬워진다(개인의 주택 수가 감소하기 때문이다).
- 개인이 보유하고 있는 주택에 대한 종부세가 줄어들 수 있다.
- 개인이 양도하는 것보다 법인이 양도하는 것이 이익에 대한 세금을 줄일 수 있다.

## 2. 법인전환을 하면 좋지 않은 점

법인전환을 하면 어떤 점이 좋지 않을지 정리하면 다음과 같다.

- 개인에게 주어진 각종 주택임대업에 대한 세제혜택이 소멸된다.
- 법인전환비용이 발생한다.
- 관리비용이 발생한다.
- 성실신고확인제도가 적용될 수 있다.

### ※ 법인전환에 따른 성실신고확인제도 적용

개인사업자가 법인전환을 하게 되면 전환 후 3년 동안에 성실신고확인제도가 적용된다. 이 제도는 과세표준 및 세액 신고 시 세무사 등이 작성한 성실신고확인서를 제출하는 것으로써 수입과 비용에 대해 건별로 타당성을 검증하게 된다. 참고로 이러한 성실신고확인대상은 다음과 같은 요건을 모두 충족한 법인에게도 적용된다.

- 해당 사업연도의 상시근로자 수가 5인 미만·지배주주 및 특수관계인 지분합계가 전체의 50% 초과
- 부동산 임대업 법인 또는 이자·배당·부동산 임대소득이 수입금액의 70% 이상인 법인

## 3. 법인전환 사례분석

현재 개인이 '민간임대주택법'상 주택을 3채 등록해 2년 정도 임대를 하고 있다고 하자. 이러한 상황에서 법인으로 전환해 임대하면 어떤 실익이 있을까?

### 1) 현재 개인임대 시의 이점
· 종부세 비과세(5년, 2018년 4월 1일 이후 등록 시는 8년)
· 양도세 중과배제(5년, 2018년 4월 1일 이후 등록 시는 8년)
· 거주주택 양도세 비과세(5년)

### 2) 법인전환 시의 이점
· 법인전환에 따른 취득세 75% 감면 및 양도세 이월과세(향후 법인이 처분 시 납부)
· 종부세 비과세(5년, 2018년 4월 1일 이후 등록 시는 8년)
· 법인세 추가과세 배제(5년, 2018년 4월 1일 이후 등록 시는 8년)
· 거주주택 양도세 비과세-임대의무기간 5년 관련 없음.[5]
· 임대의무기간 후 처분 시 소득과세가 개인보다 저렴할 가능성 있음.
· 기타

☞ 법인으로 임대하는 것이 유리할 가능성이 높음.

---

[5] 개인이 다주택을 보유한 상태에서는 양도세 비과세를 받기가 힘들다. 이러한 상황에서 1주택을 제외한 주택을 법인전환으로 돌리면 개인은 1주택에 대한 비과세를 받을 수 있게 된다.

### 3) 법인전환 시의 단점

#### ① 전환비용의 발생
- 자본금 등록면허세(0.4%, 중과세적용 시 1.2%)-법인전환 시 이 부분은 감면 없음.
- 취득세 75% 감면되나, 이의 20%인 농특세가 부과(수도권 과밀억제권역은 중과세율을 베이스로 해서 감면).
- 각종 수수료(등기, 채권, 결산, 세무신고 등과 관련) 발생

#### ② 임대기간 산정에서의 불리한 점
- 개인임대에서 법인임대로 전환 시 개인임대의무기간에 대한 승계가 안 되어 법인이 종부세 합산배제, 추가과세 적용배제 등을 받을 때 불리해질 수 있음.
- 이외 법인이 임대하는 경우 임대차계약이나 대출이 잘 안 될 수 있음.

## 4. 결론

### 1) 2018년 4월 1일 전 기존 개인임대사업자
개인임대로 방향을 잡는 것이 유리할 듯싶음.

### 2) 2018년 4월 1일 이후 신규 임대사업자
법인설립을 통해 임대를 하는 것이 좋을 듯싶음(취득세 중과세 없음. 8년 임대 시 법인세 추가과세 없음. 단, 종부세 합산과세 및 법인세 추가과세 적용배제를 위해서는 8년 이상 임대해야 할 것으로 보임).

## Tip 현물출자 절차

주택임대사업자등록 → 결산/감정평가 → 등기신청(법원관련) → 사업자등록 → 이월과세 신청 등(자세한 사항은 저자의 카페로 문의하기 바란다).

※ 세부적인 현물출자 절차
① 정관의 작성 및 현물출자계약의 체결(현물출자의 대상과 가액 확정)
  (사전에 가감정이 되어야 가능)
② 감정인 선임(감정평가사 및 공인회계사) – 감정
③ 공인감정인의 감정평가, 감정평가서 및 부속서류의 작성(개인기업의 대차대조 및 승계자산 목록 등)
④ 법원에 감정평가 보고 및 재판 – 3주 내지 5주 정도 소요되며, 심문기일이 지정되는 경우 대표자 등이 법원에 출석하는 경우도 있음.
⑤ 법원으로부터 재판서 부본 수령
⑥ 주금납입 및 현물출자에 관한 서류 등 인도, 주식 인수
⑦ 창립총회, 감정인의 감정결과 창립총회에 보고
⑧ 설립등기(주식회사 설립등기 완료)
⑨ 부동산소유권이전등기를 위한 세감면 신청(7일 정도 소요)
⑩ 부동산소유권이전등기
⑪ 기타 차량 등 승계

⟨설립등기 필요 서류⟩
발기인 및 임원 전원의 인감증명서 4통, 주민등록초본 2통, 인감도장
감정평가서 원본과 부본(공인감정인 작성, 각 간인할 것)
감정평가법인 법인등기부등본, 감정사 등록증사본, 사업자등록증 사본
현물출자자 주식 인수증(법무사 사무실 작성)
현물출자계약서(법무사 사무실 작성)
현물출자인수증(법무사 사무실 작성)

⟨부동산소유권이전등기 필요 서류⟩
소유자의 매도용 인감증명서 1통, 인감도장, 주민등록초본 1통, 현물출자계약서, 등기권리증, 법인등기부등본, 법인인감도장

※ 법무사 박지현 사무소 제공

| 심층분석 | 법인의 주택임대업 실익분석

법인이 주택임대업을 영위하면 취득과 보유 시에는 개인과 궤를 같이하고 있으나 처분 시에는 세목이 달라져 적용 내용이 다르다. 여기서는 법인이 주택임대업을 영위하는 경우의 실익을 분석해보자. 참고로 1인 법인 등이 보유한 법인부동산에 대한 다양한 세무처리법은 저자의 《1인 부동산 법인 하려면 제대로 운영하라!》, 《법인부동산 세무리스크 관리노하우》를 참조하기 바란다.

### 1. 개인과 법인의 세제비교

| 구분 | 개인 | 법인 | 비고 |
|---|---|---|---|
| 취득세 감면 | 가능 | 좌동 | 법인의 주택임대업은 중과배제 업종 |
| 재산세 감면 | 가능 | 좌동 | |
| 종부세 합산배제 | 가능(2018. 9. 14 이후 조정대상지역 취득분은 제외) | 좌동(단, 법인은 해당 사항 없음) | 법인은 9·13조치를 적용받지 않음. |
| 종합소득세/법인세 감면 | 가능 | 좌동 | 차이가 없음. |
| 양도세 중과세 적용배제/법인은 추가과세 6) | 가능(2018. 9. 14 이후 조정대상지역 취득분은 제외) | 해당 사항 없음. | 법인은 9·13 조치를 적용받지 않음. |
| '조특법'상 양도세 100% 감면 | 가능(종료) | 해당 사항 없음. | 개인이 유리함. |
| '조특법'상 장기보유특별공제 50~70% 특례 | 가능 | 해당 사항 없음. | 개인이 유리함. |

---

6) 법인세 추가과세제도는 일반법인세 외에 주택이나 비사업용 토지 등의 양도차익에 10%를 추가로 과세하는 제도를 말한다.

## 2. 법인의 주택임대업 실익분석

### 1) 장점
· 취득세 중과세를 벗어날 수 있다.
· 2018년 9·13조치에 따라 조정대상지역 내의 주택에 대한 종부세 과세와 법인세 추가과세에서 벗어날 수 있다.
· 개인 소득세에 비해 법인세가 저렴할 수 있다.
· 기타 개인소유의 부동산에 대한 세무리스크가 줄어든다.

### 2) 단점
· 임대차계약이 힘들 수 있다.
· 대출이 제한될 수 있다.
· 개인에게 적용되는 장기보유특별공제를 받을 수 없다.
· 관리비용이 증가할 수 있다.
· 세무조사 등의 타깃이 될 수 있다.

## 3. 법인의 주택임대사업 선택

법인으로 주택임대사업을 영위할 것인지, 말 것인지의 여부는 개인이 처한 상황에 따라 달라진다.
예를 들어 개인 앞으로 주택임대사업을 했을 때 누릴 수 있는 혜택이 법인보다 더 크면 개인으로 하면 되며, 그 반대의 경우에는 법인으로 한다. 일반적으로 양도세 혜택이 큰 경우에는 개인으로 임대하는 것이 좋고, 그렇지 않은 경우에는 법인이 더 좋다. 자세한 것은 저자의 카페에서 알아보기 바란다.

# 지자체 임대주택
# 등록하는 방법

## 01 지자체에 등록신청은 어떻게 할까?

주택임대업을 영위하기 위해서는 먼저 주소지 관할 지자체에 임대등록을 해야 한다. 주택임대업에 대한 다양한 업무처리는 관할 지자체에서 이루어지기 때문이다. 그렇다면 관할 지자체에 등록하기 위해서는 어떤 절차를 밟아야 할까?

첫째, 등록할 주택을 보유하고 있어야 한다.

이때 주택[1]은 등기된 주택(준주택 포함)도 가능하고, 등기 전인 주택이나 분양권 등도 가능하다. 물론 등록을 했다고 해서 무조건 임대업을 시작하는 것으로 보는 것이 아니라, 실제 임대개시가 되어야 한다. '민간임대주택법'이나 세법은 등록일 또는 실제 임대

---

1) 주택은 '주택법'상 단독주택과 공동주택(다가구주택, 연립주택, 다중주택 등)을 말한다. 참고로 분양권이나 입주권 상태에서도 임대등록이 가능하나, 실제 임대가 된 이후부터 관련 법들이 적용됨에 유의해야 한다.

개시일을 기준으로 임대의무기간을 정하고 있다(중요한 내용이다).

둘째, 임대사업자 등록신청서를 작성한다. 이 양식은 렌트홈 홈페이지에서 다운로드 받을 수 있다.

### 임대사업자 등록신청서 ( [ ] 기업형, [ ] 일반형 )

※[ ]에는 해당되는 곳에 √표를 합니다. (앞쪽)

| 접수번호 | | 접수일자 | | | 처리기간 | 5일 |
|---|---|---|---|---|---|---|
| 신청인 | 성명(법인명) | | | 생년월일(법인등록번호) | | |
| | 상호 | | | 전화번호 | | |
| | 주소(사무소 소재지) | | | | | |

| ① 민간임대주택의 소재지 | ② 호수 또는 세대수 | ③ 민간임대주택의 종류 | ④ 민간임대주택의 유형 (건설 또는 매입 여부) | ⑤ 민간임대주택의 규모 |
|---|---|---|---|---|
| | | | ( ) | |
| | | | ( ) | |
| 합계 | | | | |

「민간임대주택에 관한 특별법」 제5조 제1항 및 같은 법 시행규칙 제2조 제1항에 따라 위와 같이 ([ ]기업형, [ ]일반형) 임대사업자 등록을 신청합니다.

위의 표를 보면 이 신청서의 처리기간은 5일이며, 신청대상자는 개인은 물론 법인도 가능함을 알 수 있다. 중요한 것은 임대주택에 관한 것인데, 이 부분을 정리해보자.

① 민간임대주택의 소재지란에는 민간임대주택 주소를 기재한다.
② 호수(세대수)란에는 해당 주소에 있는 민간임대주택의 수(數)를 적는다. 다만, 다가구주택의 경우 별도로 (   )안에 임대사업자 본인이 거주하는 실(室)을 제외한 나머지 실의 수(數) 및 각 실의 위치를 확인할 수 있는 층과 호수를 적는다.
③ 민간임대주택의 종류란에는 기업형 임대주택, 준공공(장기)임대주택 또는 단기 임대주택 중 하나를 적는다.
④ 민간임대주택의 유형란에는 아파트, 연립주택, 다세대주택, 단독주택 또는 오피스텔 중 하나를 선택해 적고, (   )안에는 건설 또는 매입 중 하나를 적는다.

셋째, 작성한 신청서를 첨부서류와 함께 거주지 관할 지자체에 제출한다. 제출은 직접 방문을 통하거나 온라인(렌트홈 등)으로 접수가 가능하지만, 처음 등록 시는 직접 방문을 해보는 것도 나쁘지 않다.

신청서에 첨부할 서류들은 다음과 같다. 사업자등록도 거주지에 하므로 앞으로 임대주택과 관련된 각종 서식은 거주지 관할 지자체로 제출하는 것으로 이해를 해두자.

※ **주요 첨부서류**
1. 매매계약서 사본
2. 분양계약서 사본. 다만, '주택공급에 관한 규칙' 제32조 제1항에 따라 주택을 우선공급 받으려는 경우에는 등록일부터 6개월 이내에 매입 또는 분양계약서를 제출할 수 있다.
3. 주택건설사업자 등록증 사본
4. 신청인이 법인 아닌 사단·재단인 경우 : 정관, 그 밖의 규약 및 대표자 또는 관리인임을 증명하는 서류

5. 신청인이 재외국민인 경우 : 재외국민등록증 사본

※ **등록 철회방법**

이상과 같이 신청서를 제출하고 이상이 없다면 바로 등록이 가능하게 되고, 이상이 있다면 보완을 거쳐 5일 이내면 등록이 완료된다. 임대주택등록은 정부에서 유도하는 업무라 최대한 신속히 처리하는 것이 기본적인 행정업무태도다.

그런데 만일 등록을 잘못했거나 철회를 하고 싶을 때가 있다. 이때는 바로 변경신청을 하거나 신청일로부터 1달 내에 철회하면 과태료 부과문제가 없다.

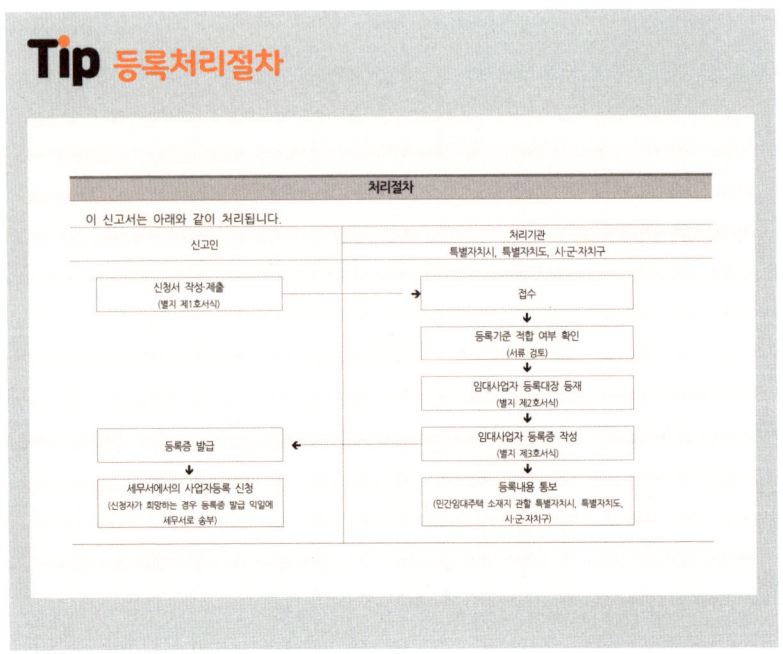

## 임대차계약 신고는 언제, 어떻게 하는 것일까?

　임대차계약 신고는 관할 지자체에 임대등록한 이후에 신고해야 하는 아주 중요한 행위에 해당한다. 이때 신고서에 표준임대차계약서를 첨부해 제출하게 된다. 임대차계약 신고는 어떤 식으로 하는지 정리해보자.

　먼저 '민간임대주택법' 제46조에서는 다음과 같이 임대차계약 신고에 관한 내용을 정하고 있다.

> ① 임대사업자는 민간임대주택의 임대차기간, 임대료 및 임차인(준주택에 한정한다) 등 대통령령으로 정하는 임대차계약에 관한 사항을 임대차계약 체결일(변경신고의 경우에는 변경한 날을 말한다)부터 3개월 이내에 시장·군수·구청장에게 신고해야 한다. 신고한 내용을 변경한 경우에도 같다.
> ⑥ 제1항, 제2항 및 제4항에 따른 신고의 절차 등에 필요한 사항은 대통령령으로 정한다.

그리고 앞의 제6항 대통령령('민간임대주택법 시행령' 제36조)은 아래와 같이 규정하고 있다.

① 법 제46조 제1항 및 제2항에 따라 임대사업자가 시장·군수·구청장에게 신고 또는 변경신고를 해야 하는 사항은 다음 각 호와 같다.
1. 임대차기간
2. 임대료
3. 민간임대주택의 소유권을 취득하기 위하여 대출받은 금액(민간매입임대주택으로 한정한다)
4. 임차인 현황(준주택으로 한정한다)[2]

② 제1항 각 호의 사항을 신고 또는 변경신고하려는 임대사업자는 국토교통부령으로 정하는 신고·변경신고서에 법 제47조에 따른 표준임대차계약서를 첨부하여 해당 민간임대주택의 소재지를 관할하는 시장·군수·구청장 또는 임대사업자의 주소지를 관할하는 시장·군수·구청장에게 제출해야 한다. 다만, 법 제44조 제1항 제2호 단서에 따른 종전임대차계약을 신고(변경신고는 제외한다)하는 경우로서 법 제47조에 따른 표준임대차계약서를 사용하지 않은 경우에는 다음 각 호의 서류를 모두 첨부해야 한다〈개정 2018. 7. 16, 2019. 10. 22〉.

1. 임대차계약서
2. 임대사업자가 임차인에게 임대사업자로 등록한 사실을 직접 전달했거나 내용증명우편 등으로 통보한 사실을 객관적으로 증명할 수 있는 자료

③ 제2항에 따라 임대사업자의 주소지를 관할하는 시장·군수·구청장이 신고·변경신고서를 받은 경우에는 즉시 민간임대주택의 소재지를 관할하는 시장·군수·구청장에게 이송해야 한다.

④ 생략

---

[2] '민간임대주택법'이나 세법에서는 임차인의 범위를 임대사업자 본인을 제외하면 가족도 가능한 것으로 해석하고 있다. 다만, 무상이 아닌 유상으로 임대가 되어야 한다.

앞의 규정 중 주요 내용을 분석해보자.

첫째, 임대차계약 신고서에는 민간임대주택의 임대차기간, 임대료 및 임차인(준주택에 한정한다) 등 대통령령으로 정하는 임대차계약에 관한 사항을 기재해야 한다.

### 임대차계약 신고서(신고증명서)

※ [ ]에는 해당되는 곳에 √표를 합니다. (앞쪽)

| 접수번호 | | 접수일자 | | 처리기간 | 10일 |
|---|---|---|---|---|---|
| 민간 임대주택 | 주택 소재지 | | | | |
| | 종류 | 기업형임대 [ ], 장기임대 [ ], 단기임대 [ ] | | | |
| | 유형 | 아파트 [ ], 연립주택 [ ], 다세대주택 [ ], 단독주택 [ ], 오피스텔 [ ] | | | |
| 임대 조건 | | 세대수 | | 임대조건 | |
| | 구분 | 세대 | 세대당 대출금 | 임대보증금 | 임대료(월) |
| | ㎡ | | | | |
| | ㎡ | | | | |
| | 합계 | | | | |
| | 임대차계약기간 | | | | |

둘째, 이때 첨부할 서류에는 표준임대차계약서가 있다.
표준임대차계약서는 말 그대로 '민간임대주택법'에 따라 획일적으로 작성된 서식을 말한다. 이 계약서를 보면 임대인과 임차인이 지켜야 할 의무 등이 기재되어 있다(다음 박스 참조). 정부의 입장에

서는 중요한 내용을 미리 알려주고 임대인과 임차인 간의 분쟁 등을 예방하고, '민간임대주택법'의 목적을 달성하고자 하는 취지가 있다. 참고로 종전계약이 있는 상태의 경우에는 이 계약서 대신 다음과 같은 서류를 첨부할 수 있다.

- 임대차계약서
- 임대사업자가 임차인에게 임대사업자로 등록한 사실을 직접 전달했거나 내용증명우편 등으로 통보한 사실을 객관적으로 증명할 수 있는 자료

셋째, 작성한 신고서를 표준임대차계약서를 첨부해 거주지(물건지도 가능) 관할 지자체에 제출한다. 제출시기는 임대차계약일(변경의 경우 변경일)로부터 3개월 이내다. 제출은 직접 방문을 통하거나 온라인(렌트홈 등)으로 접수가 가능하다.

※ **저자 주**
관할 지자체에 임대등록한 사업자들은 '민간임대주택법'에서 정한 의무를 정확히 지켜야 한다. 2020년 하반기부터 이에 대한 전수조사가 시행될 예정이기 때문이다. 특히 임대차계약신고, 임대료 5% 상한, 임대의무기간 등은 중요한 내용이므로 잘 숙지를 해서 불필요한 과태료 부과 및 세금추징을 받지 않도록 하는 것이 좋을 것으로 보인다. 과태료 유형에 대해서는 제1장의 '심층분석'을 참조하기 바란다.

〈표준임대차계약서 안의 주요 기재내용〉

**제1조(임대보증금·임대료 및 임대차계약기간)** ① "갑"은 위 표시주택의 임대보증금, 임대료 및 임대차계약기간을 아래와 같이 정하여 "을"에게 임대한다.

| 구분 | 임대보증금 | 임대료 |
|---|---|---|
| 금액 | | |
| 임대차계약기간 | | |

②

**제2조(민간임대주택의 입주일)**
**제3조(임대 조건 등의 변경)**
**제4조("을"의 금지행위)**
**제5조("을"의 의무)**
**제6조(보수의 한계)** ① 위 주택의 보수 및 수선은 "갑"의 부담으로 하되, 위 주택의 전용부분과 그 내부시설물을 "을"이 파손하거나 멸실한 부분 또는 소모성 자재('주택법' 시행규칙 별표 5의 장기수선계획의 수립기준상 수선주기가 6년 이내인 자재를 말한다)의 보수주기에서의 보수 또는 수선은 "을"의 부담으로 한다.
② 제1항에 따른 소모성 자재 및 제1항에 따른 소모성 자재 외의 소모성 자재의 종류와 그 종류별 보수주기는 제12조에 따른 특약으로 따로 정할 수 있다. 다만, 본문에도 불구하고 벽지·장판·전등기구 및 콘센트의 보수주기는 다음 각 호와 같다.
1. 벽지 및 장판 : 10년(변색·훼손·오염 등이 심한 경우에는 6년으로 하며, 적치물의 제거에 "을"이 협조한 경우만 해당한다)
2. 전등기구 및 콘센트 : 10년. 다만, 훼손 등을 이유로 안전상의 위험이 우려되는 경우에는 조기 교체해야 한다.

**제7조(임대차계약의 해제 및 해지)**

**제8조(임대보증금의 반환)** ① "을"이 "갑"에게 예치한 임대보증금은 이 계약이 끝나거나 해제 또는 해지되어 "을"이 "갑"에게 주택을 명도함과 동시에 반환한다.

② 제1항에 따라 반환할 경우 "갑"은 주택 및 내부 일체에 대한 점검을 실시한 후 "을"이 "갑"에게 내야 할 임대료, 관리비 등 제반 납부액과 제6조 제1항에 따른 "을"의 수선유지 불이행에 따른 보수비 및 제12조에 따른 특약으로 정하는 위약금, 불법거주에 따른 배상금 또는 손해금 등 "을"의 채무를 임대보증금에서 우선 공제하고 그 잔액을 반환한다.

③ "을"은 위 주택을 "갑"에게 명도할 때까지 사용한 전기·수도·가스 등의 사용료(납부시효가 끝나지 아니한 것을 말한다)지불 영수증을 "갑"에게 제시 또는 예치해야 한다.

**제9조(민간임대주택의 양도)** "갑"이 '민간임대주택법' 제43조 제2항에 따라 위 주택을 다른 임대사업자(이하 "병"이라 한다)에게 양도하는 경우에는 "병"과의 매매계약서에서 "갑"의 임대사업자로서의 지위를 "병"이 승계한다는 뜻을 명시한다.

**제10조(소송)**

**제11조(중개대상물의 확인·설명)** 개업공인중개사가 임대차계약서를 작성하는 경우에는 중개대상물확인·설명서를 작성하고, 업무보증 관계증서(공제증서 등) 사본을 첨부하여 임대차계약을 체결할 때 "갑"과 "을"에게 교부한다.

# 관할 지자체에 말소신고는 어떻게 하는 것인가?

'민간임대주택법'에 맞춰 임대등록을 한 이후 임대가 종료(말소)가 된 경우가 있다. 이의 원인으로는 임대의무기간 종료도 있고, 기타 부득이한 사유 등도 있을 수 있다. 여기서는 '민간임대주택법'에 따른 말소사유를 살펴보고, 그에 따른 후속조치들은 어떻게 하는지 등을 검토해보자.

### 1. 말소사유

'민간임대주택법' 제6조에서는 다음과 같은 사유가 발생하면 등록을 말소하도록 하고 있다.

**'민간임대주택법' 제6조**

① 시장·군수·구청장은 임대사업자가 다음 각 호의 어느 하나에 해당하면 등록의 전부 또는 일부를 말소할 수 있다.

1. 거짓이나 그 밖의 부정한 방법으로 등록한 경우
2. 임대사업자가 제5조에 따라 등록한 후 대통령령으로 정하는 일정 기간* 안에 민간임대주택을 취득하지 아니하는 경우
   * 매매계약을 체결한 경우에는 3개월 등
3. 제5조 제1항에 따라 등록한 날부터 1개월이 경과하기 전 또는 제43조의 임대의무기간이 경과한 후 등록 말소를 신청하는 경우[3]
4. 제5조 제4항의 등록기준을 갖추지 못한 경우. 다만, 일시적으로 등록기준에 미달하는 등 대통령령으로 정하는 경우는 그러하지 아니하다.
5. 제43조 제2항에 따라 민간임대주택을 양도한 경우
6. 제43조 제4항에 따라 민간임대주택을 양도한 경우
7. 제44조에 따른 임대조건을 위반한 경우
8. 제45조를 위반하여 임대차계약을 해제·해지하거나 재계약을 거절한 경우
9. 제50조의 준주택에 대한 용도제한을 위반한 경우

②~④ 생략

⑤ 제1항 각 호(제5호는 제외한다)에 따라 등록이 말소된 경우에는 그 임대사업자(해당 주택을 양도한 경우에는 그 양수한 자를 말한다)를 이미 체결된 임대차계약의 기간이 끝날 때까지 임차인에 대한 관계에서 이 법에 따른 임대사업자로 본다.[4]

앞의 규정에서 제3호와 제5호, 제6호 정도가 자주 발생하는 유형이다. 제3호의 사유는 임대의무기간이 종료된 경우, 제5호는 같은

---

3) 제3호, 제5호, 제6호 등에 해당하면 과태료가 부과되지 않는다.
4) 따라서 같은 임대사업자에게 포괄 양도하면 양수한 사업자가 나머지 임대의무기간을 충족하면 '민간임대주택법'상 과태료를 적용받지 아니한다. 다만, 세법상 세제혜택을 받으려면 양수한 이후 임대의무기간 등의 요건을 충족해야 한다.

임대사업자에게 포괄 양도하는 경우, 제6호는 부도 등에 의해 허가를 받아 양도하는 경우가 이에 해당한다. 참고로 이러한 사유에 의해 말소가 되면 '민간임대주택법'상 과태료가 부과되지 않는다. 기타 임대의무기간 내에 말소한 경우의 세법상 불이익 등에 대해서는 35페이지 등을 참조하기 바란다.

### 2. 말소신청방법

말소신청은 민간임대주택 양도신고서(다음 서식 참조)나 민간임대주택 양도허가 신청서를 제출함으로써 자동처리가 된다. 다만, 이외의 사유에 의해 말소가 필요한 경우의 별도의 서식(다음 서식 참조)을 제출해야 한다. 참고로 이렇게 관할 지자체에 등록한 이후에는 관할 세무서의 사업자등록은 수정할 필요가 없으나, 지자체에서 전부 말소를 한 경우에는 세무서에서의 사업자등록이 필요 없으면 별도로 말소처리를 하기 바란다(자세한 사항은 저자의 카페로 문의하기 바란다).

■ 민간임대주택에 관한 특별법 시행규칙 [별지 제19호서식] <개정 2019. 3. 20>

# 민간임대주택 양도신고서

※어두운 난( )은 신고인이 작성하지 않으며, [ ]에는 해당되는 곳에 √표를 합니다. (앞쪽)

| 접수번호 | | 접수일자 | | | | 처리기간 | 10일 | |
|---|---|---|---|---|---|---|---|---|
| 임대사업자 (양도인) | [ ] 개인사업자 | 성명 | | | | 생년월일 | | |
| | [ ] 법인사업자 | 법인명(상호) | | | | 법인등록번호 | | |
| | 주소(법인의 경우 대표 사무소 소재지) | | | | | 전화번호 (유선) (휴대전화) | | |
| | | | | | | 전자우편 | | |
| 민간임대주택 (양도할 주택) | 민간임대주택의 소재지 | | | 주택구분 | 주택종류 | 주택유형 | 전용면적 | 임대개시일 |
| | 건물 주소 | | 호, 실 번호 또는 층 | | | | | |
| | | | | | | | | |
| | | | | | | | | |
| 양수인 | [ ] 임대사업자(임대사업자 등록 예정인 자를 포함) | | | | | | | |
| | [ ] 개인사업자 | 성명 | | | | 생년월일 | | |
| | [ ] 법인사업자 | 법인명(상호) | | | | 법인등록번호 | | |
| | 주소(법인의 경우 대표 사무소 소재지) | | | | | 전화번호 (유선) (휴대전화) | | |
| | | | | | | 전자우편 | | |
| | [ ] 임대사업자가 아닌 자(임대의무기간 경과 후 양도하는 경우로 한함) | | | | | | | |
| | 성명(법인명) | | | | | 생년월일(법인등록번호) | | |
| | | | | | | 전화번호 (유선) (휴대전화) | | |

'민간임대주택에 관한 특별법' 제43조 제2항·제3항 및 같은 법 시행규칙 제15조 제1항·제16조에 따라 위와 같이 신고합니다.

년 월 일

신고인 (서명 또는 인)

**특별자치시장**
**특별자치도지사** 귀하
**시장·군수·구청장**

210mm×297mm[백상지(80g/㎡) 또는 중질지(80g/㎡)]

■ 민간임대주택에 관한 특별법 시행규칙[별지 제5호 서식] <개정 2019. 3. 20>

# 임대사업자 등록 [ ] 전부 / [ ] 일부 말소 신고서(신청서)

※ 어두운 난(■■■)은 신고인이 작성하지 않으며, [ ]에는 해당되는 곳에 √표를 합니다. (앞쪽)

| 접수번호 | 접수일자 | 처리기간 | 5일 |
|---|---|---|---|

| 신고인<br>(신청인) | [ ] 개인사업자 | 성명 | | 생년월일 | |
|---|---|---|---|---|---|
| | [ ] 법인사업자 | 법인명(상호) | | 법인등록번호 | |
| | 주소(법인의 경우 대표 사무소 소재지) | | | 전화번호 (유선)<br>(휴대전화) | |
| | | | | 전자우편 | |

| | 임대사업자 최초 등록일 | | 임대사업자 등록번호 | | | | |
|---|---|---|---|---|---|---|---|
| [ ]<br>전부<br>말소 | 민간임대주택의 소재지 | | 주택<br>구분 | 주택<br>종류 | 주택<br>유형 | 전용<br>면적 | 임대<br>개시일 |
| | 건물 주소 | 호, 실 번호<br>또는 층 | | | | | |
| | | | | | | | |
| | | | | | | | |
| | | | | | | | |

| | 민간임대주택의 소재지 | | 주택<br>구분 | 주택<br>종류 | 주택<br>유형 | 전용<br>면적 | 임대<br>개시일 |
|---|---|---|---|---|---|---|---|
| [ ]<br>일부<br>말소 | 건물 주소 | 호, 실 번호<br>또는 층 | | | | | |
| | | | | | | | |
| | | | | | | | |
| | | | | | | | |

말소사유

「민간임대주택에 관한 특별법」 제5조 제3항, 제6조 제1항과 같은 법 시행규칙 제4조 제1항에 따라 위와 같이 임대사업자 등록 [ ]전부 [ ]일부의 말소를 신청합니다.

년 월 일

신고인 (서명 또는 인)

**특별자치시장**
**특별자치도지사** 귀하
**시장·군수·구청장**

210mm×297mm[백상지(80g/㎡) 또는 중질지(80g/㎡)]

| **심층분석** | **지자체에 임대등록 시 참고해야 할 사항은 무엇인가?** |

지자체에 임대등록 시 참고할 사항들을 정리하면 다음과 같다. 자세한 내용은 관할 시·군·구청에서 알아보거나 렌트홈 홈페이지를 참고하기 바란다.

### 1. 사업장 현황

- (주업종/부업종 분류) 주/부는 주업종·부업종으로서 임대사업자 등록을 하는 민원인은 해당 주택 임대가 주요 사업목적이므로 '주'로 체크
- (종목) 민원인이 특별히 다른 업종코드를 지목하지 않는 한 원칙적으로 701102 주거용 건물 임대업(일반주택임대)에 해당

  - 701101 주거용 건물 임대업(고가주택임대) – '소득세법 시행령' 8조의 2에 따른 고가주택 임대(양도일 기준으로 9억 원 초과인 주택)
  - 701102 주거용 건물 임대업(일반주택임대) – 고가주택기준에 해당되지 않은 아파트, 공동주택, 다가구주택, 단독주택 등의 임대
  - 701103 주거용 건물 임대업(장기임대주택*) – '조특법 시행령' 97조에 따라 주택임대신고서를 관할세무서장에게 제출한 임대사업자
    * '민간임대주택법'에 따른 장기임대주택이나 기업형 임대주택이 아닌 '조특법 시행령'에 따라 2000년 12월 전 신축된 5호 이상의 국민주택으로서 5년 이상 임대한 주택임을 유의
  - 701104 주거용 건물 임대업(장기임대다가구주택) '조특법 시행령' 97조에 따라 주택임대신고서를 관할세무서장에게 제출한 임대사업자

- (개업일) 실제 임대행위가 시작된 날짜나 임대행위가 시작될 날짜로 기입

## 2. 공동사업자 명세

- 주택을 함께 소유해 공동으로 사업자 등록을 신청하는 경우에 한해 기입
  - (출자금) 주택을 매입하는 데 소요된 비용을 개략적으로 기입
  - (성립일) 공동으로 임대업을 하기로 민원인 간 약정한 날짜를 기입, 해당 날짜가 불확실한 경우 주택 매입일로 기입
  - (지분율) 출자금에 대한 공동사업자 간 분담비율을 개략적으로 적되, 합이 100%가 되도록 기입
  - (관계) 모두 '기타'로 기입

## 3. 대리인 위임사항

- 세무서 신고는 대리인이 신고하는 것이 가능해서 존재하는 기입란이나, '민간임대주택법'에 따른 사업자등록신청은 대리인 신고가 불가하므로 공란으로 처리

---

### Tip 국토교통부의 렌트홈 홈페이지 100% 활용하기

국토교통부에서 운영하고 있는 렌트홈(www.renthome.go.kr)은 임대사업자등록부터 말소까지 실무처리를 할 수 있는 업무공간이다. 따라서 주택임대사업자들은 이곳을 통해 실무처리 및 다양한 정보를 얻을 수 있으므로 유용할 것이다. 특히 상단의 메뉴 중 '이용안내' 중 '자주 묻는 질문'을 보면 등록과 계약조건, 과태료 부과 등과 관련된 다양한 질문에 대한 답을 얻을 수 있다.

출처 : 렌트홈

■ '민간임대주택법' 시행규칙 [별지 제1호 서식]　　　　　　　　　　　민원24(www.minwon.go.kr)에서도 신청할 수 있습니다.

## 임대사업자 등록신청서 ( [ ] 기업형, [ ] 일반형 )

※어두운 란(■)은 신고인이 작성하지 않으며, [ ]에는 해당되는 곳에 √표를 합니다.　　　　　(3쪽 중 1쪽)

| 접수번호 | 접수일자 | | 처리기간 | 5일 |
|---|---|---|---|---|

| 신청인 | 개인사업자 [ ] | 성명 | 주민등록번호 |
|---|---|---|---|
| | 법인사업자 [ ] | 법인명(상호) | 법인등록번호 |
| | ①주소(주 사무소 소재지) | | 전화번호 (유선) (휴대전화) |
| | | | 전자우편 |

| ②민간임대주택의 소재지 | | ③민간임대주택의 종류 | ④주택 유형 | ⑤전용 면적 |
|---|---|---|---|---|
| 건물 주소 | 호 번호 또는 층 | | | |
| | | 기업형 [ ] 준공공 [ ] 단기 [ ] | 건설 [ ] 매입 [ ] | |
| | | 기업형 [ ] 준공공 [ ] 단기 [ ] | 건설 [ ] 매입 [ ] | |
| | | 기업형 [ ] 준공공 [ ] 단기 [ ] | 건설 [ ] 매입 [ ] | |
| | | 기업형 [ ] 준공공 [ ] 단기 [ ] | 건설 [ ] 매입 [ ] | |
| | | 기업형 [ ] 준공공 [ ] 단기 [ ] | 건설 [ ] 매입 [ ] | |

'민간임대주택법' 제5조 제1항 및 같은 법 시행규칙 제2조 제1항에 따라 위와 같이 임대사업자 등록을 신청합니다.

년　월　일

신청인　　　　　　　　　　　　　(서명 또는 인)

특별자치시장
특별자치도지사　　　귀하
시장·군수·구청장

### 작성요령 및 유의사항

1. ①신청인의 주소란에는 등록신청일 기준으로 신청인의 주민등록 주소지를 기입합니다. 임대사업자의 주민등록 주소지는 '주민등록법'에 따라 주민등록이 되어 있는 주민등록지로 자동 갱신됩니다.
2. ②민간임대주택의 소재지란에는 민간임대주택의 도로명주소(도로명주소가 부여되지 않은 경우에 한하여 지번주소)를 기재하고, 호 번호란에는 각 동·세대·실의 위치를 확인할 수 있는 층 또는 호수를 적습니다. 다가구주택의 경우 임대사업자 본인이 거주하는 실(室)을 제외한 나머지 실만을 기입할 수 있습니다.
3. ③기업형 임대사업자로 등록하려는 자는 민간임대주택의 종류를 모두 기업형으로 선택해야 하며, 일반형 임대사업자로 등록하려는 자는 민간임대주택의 종류를 준공공 또는 단기로 선택해야 합니다.
4. ④주택의 유형란에는 건축물대장에서 확인되는 건축물의 용도로서 단독주택, 다가구주택, 아파트, 연립주택, 다세대주택, 오피스텔 중 하나를 선택하여 적습니다.
5. ⑤민간임대주택의 규모란에는 전용면적 기준으로 40㎡ 이하, 40㎡ 초과 60㎡ 이하, 60㎡ 초과 85㎡ 이하 또는 85㎡ 초과 중 하나를 선택하여 적습니다.
6. 민간임대주택으로 등록할 경우 '민간임대주택법' 제43조에 따라 임대의무기간에 임대주택을 임대하지 아니하거나 양도하는 행위가 제한되며, 같은 법 제44조에 따라 임대의무기간 동안에 임대료의 증액을 청구하는 경우에는 연 5퍼센트의 범위로 제한됩니다. 이를 위반한 경우 같은 법 제67조 제1항에 따라 1천만 원 이하의 과태료가 부과될 수 있습니다. 임대의무기간에 양도가 가능한 사유에 대해서는 같은 법 시행령 제34조를 참고하시기 바랍니다.

210mm×297mm[백상지(80g/㎡) 또는 중질지(80g/㎡)]

(3쪽 중 2쪽)

### 참고사항

'민간임대주택법' 제5조 제1항에 따라 임대사업자로 등록하려는 자가 '소득세법' 제168조에 따른 사업자등록(개인사업자에 한합니다)을 같이 하려는 경우 '부가가치세법 시행규칙' 별지 제4호 서식의 사업자등록 신청서(개인사업자용)를 함께 제출할 수 있습니다. 이 경우 관할 특별자치시장, 특별자치도지사, 시장, 군수 또는 구청장은 함께 제출받은 사업자등록 신청서를 지체 없이 관할 세무서장에게 송부해야 합니다.

- 아래 사항을 기재한 사업자등록 신청서를 함께 제출하시겠습니까?
  예 [ ]    아니오 [ ]    신청인    (서명 또는 인)

※ '조특법' 제96조, 제97조의 3, 제97조의 4 및 제97조의 5 등에 규정된 각종 감면 또는 특례를 적용받기 위해서는 '소득세법'제168조에 따른 사업자등록을 해야 합니다.

### 1. 사업장 현황

| 업종 | 구분 | 업태 | 종목 | 업종 코드 | 개업일 |
|---|---|---|---|---|---|
| | [ ]주 [ ]부 | 부동산업 및 임대업 | 주거용 건물 임대업(고가주택임대) | 701101 | |
| | [ ]주 [ ]부 | | 주거용 건물 임대업(일반주택임대) | 701102 | |
| | [ ]주 [ ]부 | | 주거용 건물 임대업(장기임대공동주택) | 701103 | |
| | [ ]주 [ ]부 | | 주거용 건물 임대업(장기임대다가구주택) | 701104 | |

### 2. 공동사업자 명세

| 출자금 | | | 원 | 성립일 | | | |
|---|---|---|---|---|---|---|---|
| 성명 | 주민등록번호 | 지분율 | 관계 | 성명 | 주민등록번호 | 지분율 | 관계 |
| | | | | | | | |
| | | | | | | | |
| | | | | | | | |

### 3. 대리인 위임사항

※ 관할 지자체에 임대등록할 때 세무서용 사업자등록을 동시에 신청하는 것이 좋다.

■ 부가가치세법 시행규칙 [별지 제3호 서식](2012. 02. 28 개정)　　　　　　홈택스(www.hometax.go.kr)에서도 신청할 수 있습니다.

# 사업자등록신청서(개인사업자용)
## (법인이 아닌 단체의 고유번호 신청서)

※ 귀하의 사업자등록 신청내용은 영구히 관리되며, 납세성실도를 검증하는 기초자료로 활용됩니다.
　아래 해당 사항을 사실대로 작성하시기 바라며, 신청서에 본인이 자필로 서명하여 주시기 바랍니다.
※ [ ]에는 해당되는 곳에 √표를 합니다.

(앞쪽)

| 접수번호 | | 처리기간 | 3일(보정기간은 불산입) |

## 1. 인적사항

| 상 호(단 체 명) | | 전 화 번 호 | (사 업 장) |
| | | | (자　　택) |
| 성 명(대 표 자) | | | (휴대전화) |
| 주민등록번호 | | FAX번호 | |
| 사업장(단 체) 소재지 | | | |

## 2. 사업장 현황

| 업 종 | 주업태 | | 주종목 | | 주업종 코드 | | 개업일 | 종업원 수 |
| | 부업태 | | 부종목 | | 부업종 코드 | | | |

| 사이버몰 명칭 | | | 사이버몰 도메인 | | | |

| 사업장구분 | 자가 면적 | 타가 면적 | 사업장을 빌려준 사람 (임 대 인) | | | 임대차 명세 | | | |
| | | | 성 명 (법인명) | 사업자 등록번호 | 주민(법인) 등록번호 | 임대차 계약기간 | (전세) 보증금 | 월세 |
| | ㎡ | ㎡ | | | | ~ | 원 | 원 |

| 허가 등 사업 여부 | [ ]신고 [ ]허가 | [ ]등록 [ ]해당없음 | 주류면허 | 면허번호 | | 면허신청 [ ]여 [ ]부 |

| 개별소비세 해당 여부 | [ ]제조 [ ]판매 [ ]입장 [ ]유흥 |

| 사업자금 명세 (전세보증금 포함) | 자기자금 | 원 | 타인자금 | 원 |

| 사업자단위과세 적용 신고 여부 | [ ]여 [ ]부 | 간이과세 적용 신고 여부 | [ ]여 [ ]부 |

| 전자 세금 계산서 (e세로) | 회원가입 신청 여부 | [ ]여 [ ]부 | 사용자아이디(ID) | • 온라인 신청 회원과 ID 중복방지를 위해 기재하신 ID앞에 영문 또는 영어·숫자의 조합, 6~20자) 문자가 첨부되어 등록됩니다. qt[xxxxx] : 세무서 신청, qh[xxxxx] : 홈택스 신청 |
| | 전용메일 이용 동의 | [ ]동의함 [ ]동의하지않음 | • e세로 회원가입을 신청한 경우에 한해 전용메일 이용 동의 여부 선택이 가능하며 동의한 경우 사업자등록증에 전용메일 주소가 표시됩니다. • 아래 전자우편주소로 초기 비밀번호가 발송되니 전자우편주소를 반드시 정확히 적어야 합니다. |

| 전자우편주소 | | 국세청이 제공하는 국세정보 수신동의 여부 | [ ]동의함 [ ]동의하지 않음 |

| 그 밖의 신청사항 | 확정일자 신청 여부 | 공동사업자 신청 여부 | 사업장소 외 송달장소 신청 여부 | 양도자의 사업자등록번호 (사업양수의 경우에 한정함) |
| | [ ]여 [ ]부 | [ ]여 [ ]부 | [ ]여 [ ]부 | |

210mm×297mm[백상지 80g/㎡ 또는 중질지 80g/㎡]

■ '소득세법' 시행규칙 [별지 제106호 서식](2019. 03. 20 신설)

# 임대주택 명세서

| 신청인 | 성명 | | 주민등록번호 | |
|---|---|---|---|---|
| | 상호 | | 사업자등록번호 | |
| | 주소(사업장) | | | |
| | (전화번호 : ) | | | |

주택임대 명세

| ①구분 | ②임대주택 소재지 | ③주택의 종류 | ④주택의 유형 | ⑤전용면적 | ⑥등록번호 |
|---|---|---|---|---|---|
| | | | | | |
| | | | | | |
| | | | | | |

'소득세법 시행령' 제220조 제2항에 따라 위와 같이 임대주택명세를 제출합니다.

20 년 월 일

### 작성요령 및 유의사항

① 구분란에는 신규, 추가, 삭제 중 하나를 선택하여 적습니다.
② 임대주택 소재지란에는 임대주택의 주소(도로명 주소를 말합니다)를 적고, 각 호·세대·실의 위치를 확인할 수 있는 층과 호수를 적습니다. 이 경우 같은 소재지에 여러 호·세대·실이 있는 경우에는 각 다른 열로 적습니다.
③ 주택의 종류란에는 '민간임대주택법' 제5조에 따라 등록한 경우 민간임대주택의 종류(공공지원, 장기일반, 단기)중 하나를 선택하여 적습니다.
④ 주택의 유형란에는 건축물대장에서 확인되는 건축물의 용도로서 아파트, 다세대, 연립, 다가구, 단독, 오피스텔 중 하나를 선택하여 적습니다.
⑤ 전용면적란에는 해당 주택의 전용면적을 기준으로 40㎡ 이하, 40㎡ 초과 60㎡ 이하, 60㎡ 초과 85㎡ 이하, 85㎡ 초과 중 하나를 적습니다.
⑥ 등록번호란에는 '민간임대주택법' 제5조에 따라 등록한 번호를 적습니다.

210㎜×297㎜(백상지 80g/㎡)

※ 관할 지자체에서 세무서용 사업자등록을 동시에 신청한 경우에는 위의 임대주택명세서는 별도로 제출할 필요가 없다.

## 신방수 세무사의
# 주택임대사업자 등록과 절세 비법

**제1판 1쇄** 2020년 3월 15일
**3쇄** 2020년 6월 15일

**지은이** 신방수
**펴낸이** 서정희
**기획제작** ㈜두드림미디어
**책임편집** 배성분
**마케팅** 신영병 이진희 김보은

**펴낸곳** 매경출판㈜
**등 록** 2003년 4월 24일(No. 2-3759)
**주 소** (04557) 서울시 중구 충무로 2(필동 1가) 매일경제 별관 2층 매경출판㈜
**홈페이지** www.mkbook.co.kr
**전 화** 02)333-3577(내용 문의 및 상담)    02)2000-2645(마케팅)
**팩 스** 02)2000-2609   **이메일** dodreamedia@naver.com
**인쇄·제본** ㈜M-print 031)8071-0961

**ISBN** 979-11-6484-089-2 (03320)

책값은 뒤표지에 있습니다.
파본은 구입하신 서점에서 교환해드립니다.

이 도서의 국립중앙도서관 출판예정도서목록(CIP)은 서지정보유통지원시스템 홈페이지(http://seoji.nl.go.kr)와
국가자료공동목록시스템(http://www.nl.go.kr/kolisnet)에서 이용하실 수 있습니다.
(CIP제어번호: CIP2020008011)

# 부동산 도서 목록

https://cafe.naver.com/dodreamedia

㈜두드림미디어 카페(https://cafe.naver.com/dodreamedia)에 가입하시면 도서 1권을 보내드립니다.